Sabine Lösch/Gregor Nagengast

Besser in Latein

Texte übersetzen und Formen erkennen

Vandenhoeck & Ruprecht

Bibliografische Information der Deutschen Nationalbibliothek:
Die Deutsche Nationalbibliothek verzeichnet diese Publikation in der
Deutschen Nationalbibliografie; detaillierte bibliografische Daten sind
im Internet über https://dnb.de abrufbar.

Umschlagabbildung und Illustrationen: Miriam Koch

Satz: SchwabScantechnik, Göttingen
Druck und Bindung: ⊕ Hubert & Co. BuchPartner, Göttingen
Printed in the EU

Vandenhoeck & Ruprecht Verlage | www.vandenhoeck-ruprecht-verlage.com

ISBN 978-3-525-70280-2

Inhalt

Liebe Schülerin, lieber Schüler,

das vorliegende Buch dient der Wiederholung, Festigung und Mehrung deiner Kenntnisse in Latein. Um die Texte zu bewältigen, solltest du entweder am Ende des ersten oder im zweiten Lernjahr stehen. Du hast zehn Texte zur Auswahl, die zunehmend mehr an Wissen um die lateinische Formenlehre und das lateinische Vokabular erfordern. Wenn du dir unsicher bist, womit du beginnen sollst, versuche dich zunächst am ersten Text. Im Inhaltsverzeichnis (S. 5) und auf der ersten Seite der Texteinheit (in diesem Fall S. 5) oben siehst du, welche **Grammatikphänomene** in dem jeweiligen Text besonders häufig vorkommen. Zu diesen Phänomenen stehen vor jedem Text einige Übungen, mit deren Hilfe du den Stoff einüben kannst.

Wenn dir ein Text zunächst schwerfällt, kannst du ihn in einer etwas leichteren Variante angehen, die sich immer auf der Seite nach dem »normalen« Text findet und hier »**Text mit Tipps**« bzw. »**TmT**« genannt wird. Diese leichtere Fassung lässt dich die Satzstruktur besser erkennen, weil Nebensätze je nach Grad ihrer Unterordnung eingerückt sind. Die Personenendung des Prädikats ist in jedem Satz unterstrichen (außer bei Imperativformen), ebenso das Subjekt. AcI-Konstruktionen sind mit eckigen Klammern markiert, gelegentlich sind zusammengehörige Wörter von ihrem Umfeld durch mehrere Leerzeichen getrennt. Die zuvor genannten, für den jeweiligen Text wichtigen Grammatikerscheinungen sind fett gedruckt. Mancherorts findet sich unter dem lateinischen Text in kleinerer Schriftart eine Übersetzungshilfe oder ein Hinweis darauf, wie nach einem Wort beim Übersetzen zu fragen ist. In allen Übersetzungstexten markieren Längenzeichen die langen Vokale, was als Hinweis für die Aussprache ebenso nützlich ist wie zur eindeutigen Bestimmug mancher Form (z. B. puellā = Abl. Sg.).

Die wichtigsten **Lernvokabeln**, die du nicht notwendigerweise schon alle kennen musst, findest du, sortiert nach Texten und für jeden einzelnen Text alphabetisch geordnet, auf den Seiten 48–52. Präge dir diese Vokabeln in kleinen »Portionen« nach und nach ein, bis du sie sicher beherrschst – die allermeisten Fehler beim Übersetzen entstehen aus Vokabellücken.

Zur Kontrolle, wie gut du schon bist, sollen dir die **Lösungen** auf den Seiten 53–64 dienen. Bei den Übersetzungen gilt: Die Lösung im Buch ist nie die einzig richtige – frag ggf. deine Lateinlehrkraft, ob deine Variante auch korrekt ist!

So bleibt uns, den Autoren, nur, dir zu wünschen, dass du durch die fleißige Beschäftigung mit diesem Büchlein das wirst, was der Buchtitel in Aussicht stellt: BESSER IN LATEIN!

Sabine Lösch und Gregor Nagengast, im Sommer 2019

Text 1: AcI, Fragesätze

1. Ja, nein, ja oder nein – kleine Wörtchen verraten die erhoffte Antwort.
   a) Ordne zu.

   -ne, num, nonne

   b) Übersetze passend.

   Num Titus veniet? – Venietne Titus? – Nonne Titus veniet?

2. Mr. Überschlau weiß einfach alles – zumindest behauptet er das. Übersetze.
   Scio/non ignoro/non ignoravi/dico/dixi/videtis/constat
   – me omnia scire
   – vos me superare studere
   – me optimum esse
   – tempus antiquum felix fuisse
   – imperatorem civitatem regere
   – Romanos consules creavisse
   – alterum alterum adiuvare debere
   – Augustum magnum imperatorem fuisse

3. Stelle alle Wörter zum Wortfeld *sagen / denken / glauben / wissen / erkennen* zusammen.

Die guten alten Zeiten

*Drei alte Männer debattieren in der frühen Kaiserzeit über die »gute alte Zeit«, als
es noch die Republik gab und kein Kaiser den Untertanen das Leben schwermachen
konnte.*

Safinius: Nōnne tempus turpe est? Fīlius mihi nārrāvit imperātōrem vectīgālia
nova nōbīs impōnere. Principēs nostrōs semper nōs miserē perīre studēre cōnstat.
Tenētisne memoriā omnēs cīvēs temporibus antīquīs fēlīcēs fuisse? Tum cīvitās
nostra flōruit.

5   Licinius: Nam concordia ōrdinum erat ubīque.

Vicinius: Quid dīcere vultis? Num crēditis »tum« semper alterum alterum
adiūvisse – senātōrēs plēbem? Somniātis[1]! Multa fuērunt bella cīvilia. Potestātem
imperātōris iīs fīnem fēcisse nōn īgnōrātis.

Safinius: Fuērunt bella. Sed tum nōn sōlum paucī virī velut Augustus et eius
10   propinquī atque amīcī in rē pūblicā versābantur[2]. Tōtī populō licuit virōs principēs
creāre, etiam virīs plēbēiīs. Itaque plēbem valuisse cōnstat. Nam senātōrēs, postquam dē lēge novā in cūriā disputāvērunt, in comitiīs lēgem rogāre dēbēbant et
tribūnī plēbis »Vetāmus!« dīcēbant, sī nōlēbant lēgēs senātōrum populō impōnī[3].

Licinius: Nūllus princeps imperābat. Quotannīs[4] cōnsulēs et tribūnōs et aliōs
15   magistrātūs Rōmānī creābant. Sī nihil bonum fēcerant, nēmō eōs post creābat.

Vicinius: Neque hodiē lēgēs malās nōbīs impōnī volumus. Sed plēbs interdum
ante cūriam tumultum fēcit.

Licinius: Negō tumultum nōn fuisse. Nōtum est turbam hominum excitātam etiam
nōnnūllōs tribūnōs necāvisse.

20   Vicinius: Egō pācem mālō – et tū, Safinī, num bellum māvīs? Itaque egō tempora
antīqua revenīre nōlō!

1 **somniātis**: ihr träumt wohl; 2 **in rē pūblicā versāri**: politisch tätig sein;
3 **impōnī**: auferlegt werden (Inf. Pass.); 4 **quotannīs**: jährlich

Text 1 - TmT

Safinius: **Nōnne** <u>tempus</u> turpe es<u>t</u>?

<u>Fīlius</u> mihi *nārrāvi<u>t</u>* [**imperātōrem** vectīgālia nova nōbīs **impōnere**].
              dass ...

[**Principēs nostrōs** semper [**nōs** miserē **perire**] *studēre*] *cōnsta<u>t</u>*.
                     dass ... elend zugrunde gehen

Tenē<u>tis</u>-**ne** memoriā [**omnēs cīvēs** temporibus antīquīs fēlīcēs **fuisse**]?
       (ergänze: daran),   in den alten Zeiten/damals

Tum <u>cīvitās nostra</u> flōrui<u>t</u>.

Licinius: Nam ubīque <u>concordia ōrdinum</u> era<u>t</u>.
                                es gab/herrschte

Vicinius: Quid dīcere vul<u>tis</u>?

Num *crēdi<u>tis</u>* [»tum« semper **alterum** alterum **adiūvisse** – senātōrēs plēbem]?
           dass ...   der eine dem anderen   – auch ...

Somniā<u>tis</u>!
Ihr träumt wohl!

Multa fuēru<u>nt</u> <u>bella cīvilia</u>. [**Potestātem** imperātōris iīs finem **fēcisse**]
     es gab   ein Ende machte/beendete
non *īgnōrā<u>tis</u>*.

Safinius: Fuēru<u>nt</u> <u>bella</u>.

Sed tum nōn sōlum <u>paucī virī velut Augustus et eius propinquī atque amīcī</u>
         nicht nur   wie
in rē pūblicā versāba<u>ntur</u>.
waren politisch tätig

Tōtī populō licui<u>t</u>   etiam virīs plēbēiīs.
Dem ...   ↓   den ...
       principēs creāre,

Itaque [**plēbem valuisse**] *cōnsta<u>t</u>*.
         war stark

Nam senātōrēs,   in comitiīs lēgem rogāre debēbant
     ↓   in der Volksversammlung
postquam dē lēge novā in curiā disputāvērunt,
       über ...   in der ...   ... hatten *(im Dt. Plqupf. nötig!)*

et tribūnī plēbis »Vetāmus!« dīcēbant,
               ... normalerweise
                  ↓
             sī nōlēbant **[lēgēs** senātōrum populō **impōnī]**.
                      dass   auferlegt werden

Licinius: Nūllus princeps imperābat.

Quotannīs cōnsulēs et tribūnōs et aliōs magistrātūs Rōmānī creābant.
Jedes Jahr   Akk.-Obj.!!   Beamte

Sī nihil bonī fēcerant, nēmo eōs post creābat.
     nichts Gutes   danach

Vicinius: Neque hodiē   **[lēgēs malās** nōbīs **impōnī]**   volumus.
       auch heute ... nicht   dass ...   auferlegt werden

Sed plēbs interdum ante cūriam tumultum fēcit.
          manchmal   Aufstand

Licinius: *Negō*   **[tumultum** nōn **fuisse]**.
     ich sage nicht, dass   gegeben habe

Nōtum est **[turbam** hominum *excitātam* etiam nōnnūllōs tribūnōs
                        aufgebracht
necāvisse].

Vicinius: Egō pācem mālō – et tū, Safinī, **num** bellum māvīs?
                        ... etwa

Itaque egō **[tempora antīqua re-venīre]** *nōlō!*
     dass

Text 2: Präteritopräsentien, Abl. temp.

1. **Gleich und gleich. Ordne zu.**

   z. B. non amare = odisse

   non amare – scitis – memoria tenebis – meminimus – novistis – noverant –
   odisse – scit – memineris – odero – novit – noverunt – non amabo – sciunt –
   memoria tenemus – sciverunt

2. **Bilde jeweils die entsprechende Form des jeweiligen Synonyms (s. Aufgabe 1)
   und übersetze.**

	memoria tenetis
oderas	
	scio
	non amant
noveratis	
	sciet
meminerimus	
	memoria tenui

3. **Setze folgende Zeitangaben in den Ablativ:**

   aetas – dies – tempus – annus – hora – mensis – nox – ver – aestas – autum-
   nus – hiems

4. **Was geschah wann?**

   Vespere schmiedete eine Einbrecherbande einen ausgeklügelten Plan und
   setzte ihn **proxima nocte** auch schon um.

   Media nocte schien der Mond sehr hell.

   Eo tempore lag die ganze Familie schon in tiefem Schlaf. **Ea hora** kamen die
   Einbrecher. **Ipsa hora** durchwühlten sie das ganze Wohnzimmer, nahmen alles
   mit und verließen den Ort. **Postero die**, als die Familie **prima hora** aufwachte,
   war sie völlig verstört und verständigte die Polizei. Diese jedoch war sehr mit
   anderen Dingen beschäftigt, so dass erst **multis horis post** jemand den Fall
   aufnahm. »Das ist schon der dreißigste Fall **hoc anno**«, sagte der Polizist mit
   besorgter Miene. »Wir haben es wohl mit einer Bande zu tun, die immer nach
   demselben Schema vorgeht.«

Hilfe für die Schwachen?

Nicht immer ist der Einsatz für die Schwächeren gern gesehen, vor allem dann nicht, wenn die Reichen Angst haben, ihre Macht oder ihren Reichtum zu verlieren. Diese Erfahrung machten in der römischen Geschichte Ende des 1. Jh. v. Chr. auch die Brüder Tiberius und Gaius Gracchus, die sich als Adlige um die einfache Bevölkerungsschicht kümmerten, dabei aber auch Grundsätze der römischen Verfassung umgehen wollten.

Hodiē quoque meminimus Gracchōrum, frātrum clārōrum. Tribūnī plēbis Tiberius et Gāius voluērunt cīvitātem refōrmāre (!). Eō tempore paucī dīvitēs magnam partem agrōrum possidēbant. Concordia ōrdinum nōn iam erat: Alter alterum ōderat. Nam plēbs nōluit cōnsulēs et principēs cīvitātem lēgibus iniūstīs regere.
5 Itaque Tiberius Gracchus eā aestāte, cum erat tribūnus plēbis, in comitiīs haec ferē dīxit: »Nōn sum vir plēbēius, sed nōvistis mē velle vōs cūnctōs salvōs esse. Nōlō cīvitātem ēvertere. Hoc vōs ōrō: Date mihi potestātem iterum et mē creātē tribūnum! Iam hōc annō novā lēge agrāriā¹ etiam plēbēiī agrō pūblicō ūtentur²!« Sed posteā alius tribūnus plēbis hanc lēgem accipī³ nōluit. Tumultus (!) erat ubīque
10 et Tiberius necātus est.
Paucīs annīs post etiam frātrem Tiberiī tribūnum plēbis miserē periisse nōvimus.

1 **agrārius**, a, um: Acker-; 2 **ūtentur**: sie werden nützen können (+ Abl.);
3 **accipī**: angenommen werden (Inf. Pass.)

Text 2 - TmT

Hodiē quoque **meminimus** Gracchōrum, frātrum clārōrum.
                 an die ...

Tribūnī plēbis   <u>Tiberius et Gāius</u> voluērunt [cīvitātem refōrmāre (!)].
Als ...

Eō tempore   <u>paucī dīvitēs</u> magnam partem agrōrum   possidēbant.
wann? Zu ...

<u>Concordia</u> ōrdinum   nōn iam erat.
               es gab/es herrschte

<u>Alter</u>   alterum   **ōderat.**
Der eine ... den anderen → finde eine schönere Übersetzung!

Nam <u>plēbs</u> nōluit [cōnsulēs et principēs cīvitātem lēgibus iniūstīs regere].
      AcI   durch/mit ...

Itaque <u>Tiberius Gracchus</u>, **eā aestāte**, in comitiīs   haec ferē   dīxit:
                   ↓ wo?/wann?   ungefähr Folgendes
              cum erat <u>tribūnus plēbis,</u>

»Nōn <u>sum</u> vir plēbēius, sed **nōvistis** [mē velle [vōs cūnctōs salvōs esse]].
      Plebejer   dass ...   dass ihr ...

Nōlō   cīvitātem ēvertere.

Hoc   vōs   ōrō:
Um Folgendes

Date   mihi   potestātem iterum et mē creātē tribūnum!
          die Amtsgewalt   zum ...

Iam **hōc annō**   novā lēge agrāriā etiam <u>plēbēiī</u>   agrō pūblicō ūtentur!«
          durch ... Ackergesetz   Plebejer   sie werden nutzen
                                                            können (+ Abl.)

Sed posteā <u>alius tribūnus plēbis</u>   [hanc lēgem accipī]   nōluit.
         ein anderer ...   AcI! dass ... angenommen werde

<u>Tumultus</u> (!) erat ubīque   et <u>Tiberius</u> necātus est.
        es gab   wurde ermordet

[**Paucīs annīs** post etiam frātrem Tiberiī tribūnum plēbis miserē periisse]
wann?   später   als ...   kläglich scheiterte
nōvi_mus_.

»Die Gracchen« (das Brüderpaar Tiberius und Gaius Gracchus) von Eugène Guillaume (1822-1905);
Quelle: Wikimedia Commons

Text 3 – Relativsätze

1. **Hilfe, Ungeheuer! Übersetze.**
   Scylla et Charybdis omnes naves petunt.
   Scylla capit …
   … viros, qui ingenti virtute pugnaverunt.
   … mulieres, quarum clamor magnus est.
   … canem, cui denique vitam dono dat.
   Charybdis capit …
   … totam navem, quae eam accedit.

2. **Sprichwörtlich! Übersetze die Wendung, erkläre ihre Bedeutung und suche eine deutsche Entsprechung:**
   »Incidit in Scyllam, qui vult vitare Charybdim.«

3. **Bezugswort gesucht! Entscheide, welches Bezugswort jeweils in Numerus und Genus zum Relativpronomen passt, und übersetze.**
   a) (viri, dominus, bestia), qui monstra (!) videt
   b) (comites, naves, captivus), quos Scylla capit
   c) (insula, campus, templum), in qua Scylla habitat
   d) (bestia, calamitas, fatum), quod Ulixes crudele vocat

4. **Abenteuer Reise – Ergänze die passende Form des Relativpronomens und übersetze.**
   a) Terra, e [???] venimus, pulchra est.
   b) Bestias, [???] nos interficere volunt, videmus.
   c) Calamitas hominum, [???] naves Charybdis cepit, nos omnes movet.
   d) Insulam, [???] petimus, ignoramus.
   e) Scyllam et Charybdim, de [???] audivimus, timemus.
   f) Tamen de salute, [???] fortasse in periculo est, non desperamus.

Zwischen Skylla und Charybdis

Homer gilt als der früheste Dichter des Abendlandes. Im Mittelpunkt seines Werkes Odyssee *steht der griechische Held Odysseus, der den Trojanischen Krieg durch seine List, das »Trojanische Pferd«, entschied. Nach der Einnahme Trojas musste er 10 Jahre lang eine Irrfahrt auf sich nehmen und viele Abenteuer bestehen, ehe er seine Heimat und seine Ehefrau wiedersehen durfte. Im Folgenden schildert Odysseus dem Phäakenkönig Alkinoos seine gefährliche Begegnung mit Skylla und Charybdis:*

»Audī, audī nunc dē mōnstrīs (!), quibus nūlla nāvis effugit! Subitō magnās undās procul aspexī: Fuit Charybdis, quae nāvēs tamquam cibum dēvorat[1]. Ego nōn īgnōrābam nōs ad eam accēdere nōn dēbēre. Ergō iussī nāvem vertere. Sīc cursum (!) novum tenēbāmus, quem tūtum putābam, sed in quō tamen Charybdim
5 procul vidēbāmus. Dum eius spectāculum singulāre spectāmus, oculōs ā-vertere nōn potuimus. Turbam et clāmōrem audiēbam, verticem[2] altum vidēbam, quem plūs quam omnia timuī. Subitō silentium fuit, quod saepe horribile est.
Iam crēdidimus nōs perīculum effūgisse, cum alterum mōnstrum aspexī, quod mē maximē terrēbat. Ecce Scylla, quae in īnsulā prope[3] Charybdim habitat! Ei
10 sunt sex[4] ora, in quibus duodecim[5] oculī tamquam flammae ārdent. Quam ācer est clāmōr, quam ingēns vīs eius bestiae! Nūllus homō, qui bestiam temptat, eam necāre potest.
Dum comitēs fortēs in nāve stant et perīculum intellegere student, Scylla celeris aliquot eōrum mihī ēripuit. Eōs, qui nōmen meum iterum atque iterum clāmābant,
15 tamen servāre nōn potuī. O fātum crūdēle! Cūr Neptūnus, qui multis adest, nōbīs nōn affuit?«

1 **dēvorāre**: verschlingen; 2 **vertex**, icis m.: Wirbel, Strudel; 3 **prope** + Akk.: nahe bei etw.; 4 **sex**: sechs; 5 **duodecim**: zwölf

Text 3 - TmT

»Audī, audī nunc dē mōnstrīs (!), **quibus** <u>nūlla nāvis</u> effugi<u>t</u>!
Imperativ!

Subitō magnās undās[1] procul aspex<u>ī</u>:

Fui<u>t</u> <u>Charybdis</u>,
    quae nāvēs tamquam cibum dēvora<u>t</u>.
          so wie   verschlingt

<u>Ego</u> nōn īgnōrāba<u>m</u> [nōs ad eam accēdere nōn dēbēre].
      wusste genau   *AcI!*

Ergō iuss<u>ī</u> nāvem vertere.
     befahl ich

Sīc cursum (!) novum tenēbā<u>mus</u>,
    quem tūtum putāba<u>m</u>,
        für sicher hielt
    sed **in quō** tamen Charybdim procul vidēbā<u>mus</u>.

    Dum eius spectāculum (!) singulāre spectā<u>mus</u>,
    Während wir … erblickten (!)
oculōs ā-vertere nōn potu<u>imus</u>.
     abwenden

Turbam et clāmōrem audiēba<u>m</u>,
verticem altum vidēba<u>m</u>,
Strudel
    quem plūs quam omnia timu<u>ī</u>.
      mehr als alles

Subitō <u>silentium</u> fui<u>t</u>,
quod saepe horribile es<u>t</u>.
     schrecklich

Iam crēdid<u>imus</u> [nōs perīculum effūgisse],
        AcI!   entkommen
    cum alterum mōnstrum aspex<u>ī</u>,
      quod mē maximē terrēba<u>t</u>.
    das mich besonders …

Ecce Scylla,
    quae in īnsulā prope Charybdim habita<u>t</u>!
    die   wo?   nahe bei

Ei sunt sex ora,
Sie hat sechs …

    in quibus duodecim oculī tamquam flammae ārdent.
in denen zwölf …

Quam ācer est clāmōr, quam ingēns vīs eius bestiae!
Wie …,   wie …   wessen?

Nūllus homō.
    qui bestiam temptat,
eam necāre potest.

    Dum comitēs fortēs in nāve stant et perīculum intellegere student,
    Während …   standen (!)   sich bemühten (!)
Scylla celeris aliquot eōrum mihī ēripuit.
             einige von ihnen

Eos,
    qui nomen meum iterum atque iterum clamabant,
tamen servāre nōn potuī.

O fātum crūdēle!
      grausam

Cūr Neptūnus,
    qui multis adest,
nōbis nōn affuit?«

Text 4: Irrealis, Genitivus partitivus

1. a) Präsens- oder Perfektstamm? Bestimme die Form und sortiere.

Konj. Impf.	Konj. Plqpf.
??	??

venissent – cogitavissemus – cerneretis – adfuisses – moneres – oppressisset – cognoscerent– nupsissem – possem – voluissetis

1. b) Bilde jeweils die andere Form.

2. Formen mit System. Ergänze die fehlenden Formen.

Inf. Präs.	Konj. Impf.	Inf. Pf.	Konj. Plqpf.
	amarem		
			pepercisses
	moveret		
			fecissemus
			fuissent

3. Konjunktiv oder nicht? Bestimme Modus und Tempus.
   a) tenebam – pepulisset – staremus – duxeram – fugerent – sederet
   b) abstulerant – delebam – adhibuissent – relinquerent – deessemus

4. Wenn das Wörtchen »wenn« nicht wär' … Übersetze und ergänze auf Deutsch.
   a) Si citius (schneller) curreremus, …
   b) Si primo loco staremus, …
   c) Si captivi liberi essent, …
   d) Nisi forum plenum hominum esset, …
   e) Si tu mihi parares, …

5. Unterscheide die Verwendung des Genitivs und übersetze.
   a) Multitudo senatorum – consilium senatorum
   b) Nihil ingenii – fides ingenii
   c) Amor filiorum (2!) – aliquot filiorum
   d) Pars pecuniae – Cupiditas pecuniae
   e) Spes auri – copia auri

Ein großer Triumph

Zur Zeit Gaius Julius Cäsars lebte der berühmteste Redner Roms, Marcus Tullius Cicero (106–43 v. Chr.). Trotz seiner Abstammung von einem Ritter im Jahr 63 v. Chr. als Konsul an der Spitze des römischen Staates gewesen, setzte sich Cicero in der Spätphase der römischen Republik für den Erhalt dieser Staatsform ein. Letztlich war dieses Bemühen aber vergeblich. Cäsar strebte nach der Eroberung Galliens unaufhaltsam der Alleinherrschaft entgegen und besiegte seinen großen Rivalen Pompeius in einem blutigen Bürgerkrieg. Im folgenden Text berichtet Ciceros Sekretär und Vertrauter Tiro vom Triumph Cäsars über den Anführer der Gallier, Vercingetorix, im Jahre 46 v. Chr. Damals war Tiro schon kein Sklave mehr, sondern ein Freigelassener. Er erzählt Cicero, dass ihn seine angeborene Neugier zum Spektakel des Triumphzuges trieb. Schon habe er sich dem Forum genähert:

»Iam mēcum cogitāvī: ›Ecce forum plēnum hominum – certō nihil triumphī (!) vidēbō! Mea culpa est. Sī magis properāvissem, haud tam sērō vēnissem. Sīn mātūrē vēnissem, nunc omnia cernere possem.‹

Subitō Biturīgem[1] amīcum vīdī, quī mediā in turbā stābat et clāmāvit: ›Tīrō, Tīrō,
5 accēde! Tē adiuvābō, nam Cicerō tuus dominum meum adiūvit. Venī! Dominus meus prīmō in locō stat.‹

Profectō dominus Biturīgis mē ad sē vocāvit. Per Iovem[2] iūrō: Id nisī fēcisset, nunc nihil narrāre possem.

Iam pompa[3] affuit: Spectābam omne genus ōrnāmentōrum et mīram cōpiam aurī
10 argentīque et multās bestiās, quās numquam anteā vīderam. Nihil autem mē magis mōvit quam ingentēs tabulae, in quibus fortūnam miseriamque bellī cernēbam: villas et templa, quae ārdent; mīlitēs, quī hostibus non parcunt; imperātōrem, quī cum cohortibus victōriā gaudet … Omnia narrārem, sī mihī tempus esset.

Dum agmen Gallōrum vidēmus, Biturix tristis erat: De miseriā hostium captīvōrum
15 dolēbat.

Tum monuī: ›Nōlī hominēs barbarōs, quōs mīlitēs nostrī subiecērunt, miserōs vocāre! Bellum iūstum fuit: Caesar Gallōs quidem neque oppugnavisset neque captīvōs reddidisset, nisī sociōs nostrōs oppressissent … Ecce Vercingetorīx! Nōnne bestiae similis est?‹«

1 **Biturīx, īgis:** *Eigenname;* 2 **per Iovem:** bei Jupiter *(Schwurformel);*
3 **pompa,** ae f.: Prunk, Aufzug, Festzug

Text 4 - TmT

»Iam mēcum cogitāvī:

›Ecce forum plēnum **hominum** – certō nihil **triumphī** vidēbō! Mea culpa est.

    Sī magis **properavissem**,
haud tam sērō **vēnissem**.

    Sīn mātūrē **vēnissem**,
nunc omnia cernere **possem**.‹

Subitō Biturīgem amīcum vīdī,
         meinen Freund Biturix
    quī   mediā in turbā   stābat et clāmāvit:
›Tīrō, Tīrō, accēde!

Tē adiuvābō, nam Cicerō tuus   dominum meum   adiūvit.
Venī! Dominus meus   prīmō in locō   stat.‹

Profectō dominus Biturīgis mē ad sē vocāvit.

Per Iovem iūrō:
Bei Jupiter
    Id **nisī fēcisset**,
    Wenn er …
nunc nihil narrāre **possem**.

Iam pompa affuit:
     Festzug

Spectābam   omne genus **ōrnāmentōrum**
             et mīram cōpiam **aurī argentīque**
             et multās bestiās,
                  quās numquam anteā vīderam.

Nihil autem me magis mōvit quam ingentēs tabulae,
          beeindruckte mich mehr als
   in quibus fortūnam miseriamque bellī cernēbam:
   villās et templa,
      quae ārdent;

mīlitēs,
    quī hostibus non parcunt;
        die Feinde
imperatōrem,
    quī cum cohortibus victōriā gaudet ...
        über den Sieg

Omnia **narrārem**,
    sī mihī tempus **esset**.
      ich ... hätte

    Dum agmen Gallōrum vidēmus,
               sahen (!)

Biturix tristis erat:
De miseriā   hostium captivōrum   dolēbat.

Tum monuī:
›Nōlī hominēs barbarōs,   miserōs vocāre!
Nenne nicht ...   quōs mīlitēs nostrī subiecērunt,
                  Wer oder was?

Bellum iūstum fuit:

Caesar Gallōs quidem neque **oppugnavisset** neque captīvōs **reddidisset**,
Cäsar   zu Gefangenen gemacht
    nisī sociōs nostrōs **oppressissent** ...
      Wen oder was?

Ecce Vercingetorīx! Nōnne bestiae similis est?‹«
      Wem?

Text 5: *velle, nolle, malle*

1. Übersetze.

   sie will – ihr habt nicht gewollt – ich will lieber – sie wollen nicht – gewollt zu haben – wir wollen lieber – du willst nicht – ich habe gewollt

2. Soldatenleben - Übersetze. Achte besonders auf die Personalendungen der Prädikate.

   a) Milites in Germaniam transire **volunt**, sed Germani eos venire **nolunt**.

   b) Itaque legio Romana multa comperire **vult** et speculatorem mittit.

   c) Tum milites eum rogant: »**Visne** narrare?« –

   d) »**Vultis**ne audire?«

   e) »**Nolumus** audire nos copias nostras recipere debere.

   f) Audire **malumus** nostros vincere posse.« –

   g) »Fortasse **nolo** narrare, tacere **malo**.«

   h) Germani ex speculatore captivo quaesiverunt:

   i) »Quid **voluisti** comperire?« –

   j) »Nihil **volui** … Romani **voluerunt** me vos petere.«

3. Verwandle die Formen von *posse* in die entsprechenden Formen von *velle*, die von *non posse* in die entsprechenden von *nolle*. Übersetze dann.

   a) Te audire possum.

   b) Num parere non potuisti?

   c) Hoc certe facere poterimus.

   d) Nonne amici mihi adesse potuerant?

   e) Servus me audire non poterat.

   f) Potestisne mihi omnia narrare?

Ein einziger Triumph?

Drei Legionäre, die mit Cäsar im Gallischen Krieg gegen die Gallier gekämpft haben, treffen sich am Tag nach dem großen Triumphzug in einer Taverne.

Quīnctilius: »Vīdistisne aurum, arma, ōrnāmenta, quae Gallīs ēripuimus? Ego māgnam pecūniam ab imperātōre accēpi, quia tam benē pugnāvī. Sī vellem, etiam tōtam tabernam emere possem. Sed nōlō.«

Antōnius: »Dēsine tandem bona tua verbīs in falsum augēre velle! Tū pecūniam
5   amāre māvīs quam puellās pulchrās, quae triumphum spectābant. Ūna ex eīs clamāvit, dum mē et Gāium et Quīntum, amīcōs meōs, videt: ›Ecce virī fortēs! Mālō eōs spectāre quam praedam. Sī licēret, omnibus tribus nūbere vellem.‹«

Clōdius: »Fābulās dē aurō vel puellīs audīre nōlō. Ēheu[1]! Uxor mea mē relīquit, dum nōs in Galliā pugnāmus. Vae mihī[2]! Nisī abīssem, nunc sōlus nōn essem!«
10 Antōnius: »Sōlus nōn es. Age, bibe nobiscum! Nōnne comperimus Quīnctiliō māgnam pecūniam esse? Ergo Quīnctilius certē prō vīnō solvere volet.«

Clōdius: »Iō triumphe[3]!«

Quīnctilius: »Parcite mihī! Solvere nōlō. Cūr sociī mihī adesse nōlunt?«

---

1 ēheu: ach! wehe!; 2 vae mihī: weh mir!; 3 iō triumphe: *etwa:* o Triumph! juchhe!

Text 5 - TmT

Quīnctilius:
»Vīdistis-ne aurum, arma, ōrnāmenta,
    quae Gallīs ēripuimus?
          den Galliern

Ego māgnam pecūniam ab imperātōre accēpī,
    viel
    quia tam benē pugnavī.
        so

    Sī **vellem**,
etiam tōtam tabernam emere possem. Sed **nōlō**.«

Antōnius:
»Dēsine tandem   bona tua   verbīs   in falsum augēre **velle**!
                        Ablativ   übertreiben zu wollen

Tū pecūniam amāre **māvīs** quam puellās pulchrās,
    quae triumphum spectābant.

Ūna ex eīs clamavit,
Eine von ihnen
    dum mē et Gāium et Quīntum – amīcōs meōs – videt:
                                      sah (!)

›Ecce virī fortēs!

Mālō eōs spectāre quam praedam.

    Sī licēret,
omnibus tribus nūbere **vellem**.‹«
    alle drei

Clōdius:
»Fābulās dē aurō vel puellīs audīre **nōlō**. Ēheu!
                         Ach!

Uxor mea mē relīquit,
    dum nōs in Galliā pugnāmus. Vae mihī!
                kämpften (!). Weh mir!

    Nisī abīssem,
nunc sōlus nōn essem!«

Antōnius:
»Sōlus nōn es. Age, bibe nobiscum!

Nōnne comperimus [Quīnctiliō māgnam pecuniam esse]?
Haben wir etwa nicht …   AcI! dass Quinctilius … hat

Ergo Quīnctilius certē prō vinō solvere **volet**.«
                                        zahlen

Clōdius: »Iō triumphe!«
         »O Triumph! juchhe!«

Quīnctilius: »Parcite mihī! Solvere **nōlō**. Cūr sociī mihī adesse **nōlunt**?«
             mich

Text 6: Nebensätze mit Konjunktiv, Steigerung

1. Ein Wort – mehrere Übersetzungsmöglichkeiten, je nach Kontext.
   a) Finde die passende Bedeutung für *cum* und übersetze das Prädikat.
      - *cum amicis abire*
      - *cum* Caesars Truppen zahlreicher *essent* als die seiner Gegner, gewann er nicht immer
      - die Sieger zündeten die Stadt an, *cum* sie alle Bewohner *fugavissent*
      - *cum* Kriege nie ohne Opfer *sint,* gibt es eigentlich keine Sieger

   b) Finde die passende Bedeutung für *ut* und übersetze das Prädikat.
      - ich war so gut vorbereitet, *ut* ich erfolgreich *essem*
      - das nächste Mal lernt er, *ut* er eine gute Note erzielt

   c) Finde die passende Bedeutung für *ne* und übersetze das Prädikat.
      - die Gegner baten darum, *ne* die Römer noch einmal *invaderent*
      - denn sie fürchteten, *ne* sie den Römern unterlegen *essent*

2. a) Ergänze die fehlenden Steigerungsstufen. Gib an, ob es sich bei den Wörtern um ein Adjektiv oder ein Adverb handelt.

Positiv	_____	_____	Adj./Adv.
miser			
	fortiores		
		celerrime	
	maius		Adj.
graviter			
		longissimi	
bene			

   b) Bilde zu jeder Adverbform das Adjektiv (Nominativ Sg. m.) und umgekehrt.

3. Setze die richtigen Formen ein und übersetze.
   a) Germani _____ (fortis, Sup.) hostes Romanorum sunt.
   b) Legiones Romanorum _____ (magnus, Komp.) quam Gallorum sunt.

Römer und Germanen

Caesar, cum in Galliā bellum gereret, etiam cum Germānīs proelia gravissima commīsit. Nam Germānōrum mōs erat, ut sēdēs relinquerent et Rhēnum[1] magnā cum multitūdine hominum trānsīrent Rōmānōsque in Gallōrum fīnibus lacesserent.

5 Caesar timuit, nē Rōmānīs bellum gravius īnstāret. Igitur ferē iam hieme ex urbe ad legiōnēs magnīs itineribus vēnit. Germānī autem legātōs ad Caesarem mīsērunt, ut supplicēs ōrārent, nē Rōmānī longius prōcēderent. Quae cum Caesar negāvisset, magna erat pūgna proximō diē: utrimque[2] agmina magnā cum audāciā pūgnant, hostēs perturbant, fugant. Multōs mīlitēs, quī fortiter pugnaverant, interficiunt.

10 Postremō Rōmānī in castra Germānōrum invāsērunt. Germānī celeriter arma cēpērunt, ut sē dēfenderent, neque vīcērunt. Cum trāns Rhēnum[1] fugere studērent, in flumen se fortissimē praecipitāvērunt, miserrimē periērunt.

Tamen Caesar maximē timēbat, ut pāx firmior esset. Quā de causā pontem fēcit, ut Germānī iterum poenās darent: Rōmānī agrōs vastāvērunt ac se atrōciōrēs

15 quam barbarōs praestitērunt. Sed rē verā metuērunt, nē Germānī se in silvās vāstās abderent. Ideō deōs ōrāvērunt, ut sibi adiuvārent neque ferīs barbarīs licēret Rōmānōs subicere.

1 **Rhēnus**, ī m.: der Rhein; 2 **utrimque**: auf beiden Seiten

Text 6 - TmT

Caesar, **cum** in Galliā bellum gereret, etiam cum Germānīs proelia
    als
gravissima commīsit.

Nam Germānōrum mōs erat,
        ut sēdēs relinquerent et
          Rhēnum magnā cum multitūdine hominum
                mit einer großen Menschen-_____
trānsīrent

          Rōmānōs-que in Gallōrum fīnibus lacesserent.
                im Gebiet der Gallier   zum Kampf herausforderten

Caesar timuit, **nē** Rōmānīs bellum **gravius** īnstāret.
                Komparativ! ziemlich …

Igitur ferē iam hieme ex urbe ad legiōnēs magnīs itineribus
     wann?   in Eilmärschen
vēnit.

Germānī autem legātōs ad Caesarem mīsērunt,
      ↓
      ut supplicēs ōrārent,
          ↓
          nē Rōmānī **longius** prōcēderent.

Quae **cum** Caesar negāvisset, magna erat pūgna proximō diē:
rel. Satzanschluss ⇒ als … dieses Plqupf.!   gab es   *wann?*
utrimque agmina magnā cum audāciā pūgnant, Rōmānī hostēs
               mit großem Mut
perturbant, fugant.

Multōs mīlitēs,   interficiunt.
   ↓
   quī **fortiter** pugnaverant,

Postremō Rōmānī in castra Germānōrum invāsērunt.

Germānī **celeriter** arma cēpērunt, **ut** sē dēfenderent, neque vīcērunt.
                um … zu   aber … nicht

Cum trāns Rhēnum fugere studēre<u>nt</u>,
in flumen se **fortissimē** praecipitāvēru<u>nt</u>, **miserrimē** periēru<u>nt</u>.

Tamen <u>Caesar</u> **maximē** timēba<u>t</u>, **ut** <u>pāx</u> **firmior** esse<u>t</u>

Quā de causā   pontem fēci<u>t</u>, **ut** <u>Germānī</u> iterum   poenās dare<u>nt</u>:
Deshalb *(rel. Satzanschluss)*

<u>Rōmānī</u> agrōs vastāvēru<u>nt</u> ac se **atrōciōrēs** quam barbarōs   praestitēru<u>nt</u>.
als

Sed   rē verā   metuēru<u>nt</u>,   **nē** <u>Germānī</u> se   in silvās vāstās
  in Wirklichkeit   in den weiten Wäldern
abdere<u>nt</u>.

Ideō deōs ōrāvēru<u>nt</u>, **ut** sibi adiuvāre<u>nt</u> neque   fērīs barbarīs   licēre<u>t</u>
             ihnen   den wilden Barbaren
[Rōmānōs subicere].
    AcI

Text 7: Rel. Satzanschluss, Part. coniunct.

1. Verwandlungskünstler: Vom Relativ- zum Demonstrativpronomen.
   Wähle das richtige lateinische Pronomen und übersetze.
   a) Caesar Cleopatram amavit. *Qui/cui/quae* regina Aegypti erat.
   b) Caesar Cleopatram amavit. *Quacum/quem/qui* filium genuit (er zeugte).
   c) Caesar imperator erat. *Quorum/quod/cuius* multis non placuit.
   d) Cleopatra et Ptolemaeus de regno certaverunt. *Quibus/quae/qua* de causa Caesar in Aegyptum venit.
   e) Milites fortiter pugnant. *Quos/qui/cui* imperator laudat.

2. Verwandlungskünstler: Partizip – Teil I
   a) Markiere jeweils das Partizip und das Bezugswort.
      Caesar potestatem sibi datam confirmare studet.
      Caesar regnum Cleopatrae et fratri a patre eorum traditum adit.
      Caesarem bella cum Germanis gerentem multi timuerunt.
      Caesar Cleopatram valde amans reliquit.
      Caesar Cleopatram a fratre expulsam adiuvit.
   b) Nenne alle dir bekannten Möglichkeiten, wie man Partizipien übersetzen kann.
   c) Übersetze die Partizipkonstruktionen aus a) jeweils auf zwei verschiedene Weisen.

3. Verwandlungskünstler: Partizip – Teil II:
   Finde elegante Übersetzungen und formuliere eine Regel.
   Ira incensus verließ der betrogene Liebhaber seine Freundin.
   Avaritia permotus brach der Dieb in den Palast ein.
   Spe imperii impulsus begann Caesar einen neuen Feldzug.
   Libidine Cleopatrae impletus umarmte er sie heftig.
   Pulchritudine amicae permotus brachte der junge Mann keinen Ton heraus.
   Gaudio affecta strahlte sie über das ganze Gesicht.

Politisch motivierte Verwicklungen

Der Streit um die Herrschaft in Ägypten zwischen Kleopatra und ihrem Bruder Ptolemaios führte dazu, dass Caesar im Jahr 48 v. Chr. nach Ägypten reiste, um zu vermitteln. Dies machte Caesar natürlich nicht uneigennützig: Er hoffte, seinen Einfluss auf Ägypten ausdehnen zu können. Daher boten die Ereignisse in Ägypten Caesars Gegnern immer wieder Gelegenheit zu allerlei Gerede.

Cicerō: Quid novī[1]?
Tīrō: Nōn īgnōrāmus Caesarem potestātem variīs rēbus bene īnstitūtam cōnfirmāre studēre. Sed hōc modō -
Cicerō: Iam dīc, quid nōveris!

5 Tīrō: Caesar spē imperiī permōtus in Aegȳptō[2] arbiter exstat, cum Ptolemaeus rēx et Cleopatra rēgīna, soror eius, dē rēgnō certent. Aegȳptōrum mōs est sorōrem et frātrem coniugēs esse. Quā dē causā et Ptolemaeō et Cleopatrae regnāre licēret in Aegȳptō iīs ā patre trāditā. Tamen frāter sorōrem expulit ē domō rēgiā. Quae nūntium Caesarī mīsit postulantem, ut rēgīnae licēret Caesarem clam convenīre.

10 Quod Caesar libīdine Cleopatrae implētus nōn negāvit, quamquam putāvit rem difficilem esse, cum mīlitēs Ptolemaeī domum Caesaris obsidērent.

Cum autem Caesar rēgīnam exspectāret, Aegȳptus quīdam vēnit dīcēns: »Rēgīna Aegȳptōrum mē mīsit, ut rogārem, num[3] Cleopatrae licēret Caesarī hoc strāgulum bene vīnctum[4] dōnō dare.« Quod Caesar accēpit. Aegȳptus abiit et ē strāgulō

15 vēnit – rēgīna! »Amīcitiae tuae mē dēdō«, inquit, »nesciēbam, utrum tē ad mē vocārem an ipsa venīrem. Sed hoc mihi facilius factū vīsum est[5].«

Quō dōnō magnō gaudiō affectus et grātiā rēgīnae permōtus Caesar prōmīsit sē eam adiūtūrum esse[6].

Cicerō: Iam studē comperīre, utrī Caesar rēgnum det – Cleopatrae an Ptolemaeō,

20 et quā rē!

---

1 quid novī?: was gibt's Neues?; **2 Aegȳptus**, -ī f.: Ägypten; **3 num**: ob; **4 hoc strāgulum bene vīnctum**: diesen fest verschnürten Teppich; **5 mihi facilius factū vīsum est**: schien mir einfacher zu bewerkstelligen; **6 adiūtūrum esse**: unterstützen werde

Text 7 - TmT

Cicerō: Quid novī?
    Was gibt's Neues?

Tīrō: Nōn īgnōrāmus [Caesarem   potestātem variīs rēbus bene īnstitūtam
cōnfirmāre studēre].

Sed hōc modō –
    auf diese Weise

Cicerō: Iam dīc, quid nōveris!

Tīrō: Caesar spē imperiī permōtus in Aegȳptō arbiter exstat,
        Hoffnung auf Herrschaft   tritt als Schiedsrichter auf
            cum Ptolemaeus rēx et Cleopatra rēgīna, soror eius, dē
            weil
            rēgnō certent.

Aegȳptōrum mōs est   sorōrem et frātrem   coniugēs esse.
                                                verheiratet

Quā dē causā et Ptolemaeō et Cleopatrae regnāre licēret
Rel. Satzanschluss   *Irrealis:* es wäre erlaubt
in Aegȳptō iīs ā patre trāditā.
in Ägypten, das ihnen …

Tamen frāter sorōrem expulit   ē domō rēgiā.
                    vertrieb/warf hinaus   Königspalast

Quae nūntium Caesarī mīsit postulantem,
Rel. SA   ↓
            ut rēgīnae licēret   Caesarem clam *convenīre*.
            dass es … erlaubt sein solle   treffen

Quod Caesar libidine Cleopatrae impletus   non negavit,
    quamquam putāvit [rem difficilem esse],
            cum mīlitēs Ptolemaeī domum Caesaris obsidērent.
            weil   belagerten.

    Cum autem Caesar rēgīnam exspectāret,
    Aegȳptus quīdam vēnit dīcēns:
                = *et dixit*

»Rēgīna Aegȳptōrum   mē   mīsit,
                     ↓
            ut rogārem,
      um zu ...   ↓
                  num Cleopatrae licēret   Caesarī
                  ob
                  hoc strāgulum bene vīnctum dōnō dare.«
                  diesen fest verschnürten Teppich   als ...

Quod Caesar accēpit.

Aegȳptus abiit   et   ē strāgulō   vēnit – rēgīna!
                      aus dem Teppich

»Amīcitiae tuae   mē   dēdō«, inquit,
     Dativ!
»nesciēbam,
      utrum   tē   ad mē   vocārem   an   ipsa   venīrem.
      ob   rufen sollte oder ob ich selbst ...

Sed hoc   mihi facilius factū vīsum est.«
          Letzteres schien mir einfacher zu bewerkstelligen

Quō dōnō   magnō gaudiō affectus et   grātiā rēgīnae permōtus
Rel. SA   mit großer Freude versehen   Schönheit
          (finde eine schönere Übersetzung!)   ↓
Caesar prōmīsit [sē eam adiūtūrum esse]
               dass ... unterstützen werde

Cicerō: Iam studē comperīre,
                   ↓
                   utrī   Caesar rēgnum det – Cleopatrae an Ptolemaeō,
                   wem von beiden   oder
              et quā rē!

Text 8: Futur, Konjunktiv im Hauptsatz

1. a) Bestimme die Verbformen und trage sie in die Tabelle ein.

   dicat – absum – gaudebimus – vincam – audietis – pereunt – crederet –
   cenas – quaerant – aget

Indikativ Präsens	Konjunktiv Präsens	Futur	Konjunktiv Imperfekt

   b) Ergänze die anderen Formen.

2. Gib an, ob durch den Konjunktiv im Hauptsatz ein Wunsch (Optativ), eine Aufforderung (Jussiv), eine Möglichkeit (Potentialis), eine Frage (Deliberativ) oder eine Aufforderung an die erste Person (Hortativ) zum Ausdruck gebracht wird. Übersetze.
   a) Quando veniamus?
   b) Servus taceat!
   c) (Utinam) salvus sis!
   d) Dicat aliquis …
   e) (Utinam) bene domum venias!
   f) Abeamus!
   g) Quid faciam?
   h) Afferas vinum!
   i) Clamor erat. Crederes multos viros gladiatores incitare.
   j) Omnes curae cedant!

Triumph über Kleopatra

Als im Jahr 30 v. Chr. der Bürgerkrieg, der nach Caesars Tod ausbrach, zu Ende ist und Kleopatra sich mit Marcus Antonius, einem der Gegner Octavians, das Leben genommen hat, herrscht große Freude. Die Nachricht vom Selbstmord der beiden verbreitet sich wie ein Lauffeuer in der Stadt:

A: »Dīcam vōbīs, quid audīverim: Cleopatra et Antōnius mortuī sunt!
Nunc gaudeāmus, bibāmus, saltēmus, cēnēmus, ut diem fēstum agāmus! Omnēs
curae cēdant! Timōrēs abeant semperque absint! Numquam nefās sit neque erit
palam dīcere, quid sentiāmus. Tempora iūcunda agēmus.

5 B: Quid dīcīs? Crēderēs hoc numquam fierī. Rēgīna semper id ēgit, ut imperium
perīret. Virōs libīdinibus incitāvit, ut quaererent, quae imperiō nocērent.

A: Sed Octāviānō, virō fortī, contigit, ut eam eiusque amātōrem vinceret. Nunc
Cleopatra nōn iam convīviīs gaudēbit neque nāvī per Aegȳptum vehētur[1]. Numquam accidet, ut honōrēs eī tribuāntur.

10 C: Vērum est! Rēgīna, fātāle[2] mōnstrum, perīre voluit nec timuit, nē asperae
serpentēs venēnum corporī suō inicerent. Vae, Octāviāne, quantus tibi dēnegātur[3] triumphus!

A: Quid faciāmus? Quōmodo celebrēmus diem fēstum?

B: Eāmus in tabernam! – Heus, caupō[4], afferās vīnum et dēliciās!«

1 **vehi**, vehor, vectus sum: fahren; 2 **fātālis**, e: todbringend, verhängnisvoll;
3 **dēnegātur**: es bleibt versagt; 4 **caupō**, ōnis m.: der Wirt

Text 8 – TmT

A: **Dīcam** vōbīs,
Hortativ! ↓

    quid audīverim:

Cleopatra et Antōnius mortuī sunt!

Nunc **gaudeāmus, bibāmus, saltēmus, cēnēmus,**
    ut diem fēstum agāmus!

Omnēs curae **cēdant!** Timōrēs **abeant** semper-que **ab-sint!**
        Jussiv

Numquam nefās **sit** neque **erit**
        ↓
        palam dīcere,
        ↓
        quid sentiāmus.
        Obj.-Satz! was …

Tempora iūcunda **agēmus.**

B: Quid dīcīs? **Crēderēs** [hoc numquam fierī.]
    Potentialis: Man hätte glauben können, dass …

Rēgīna semper id ēgit,   ut imperium perīret.
    arbeitete darauf hin,

Virōs   libīdinibus incitāvit,
   mit ihren Reizen   ↓
        ut   quaererent,
      so dass   ↓
        quae imperiō nocērent.
      was … schadete.

A: Sed Octāviānō, virō fortī,   contigit,
    Dativ   gelang es ↓
        ut eam eiusque amātōrem   vinceret.

Nunc Cleopatra nōn iam   convīviīs **gaudēbit**
       nicht mehr
neque nāvī   per Aegȳptum   **vehētur.**
   zu Schiff   sie wird fahren

Numquam **accidet**, ut honōrēs eī tribuāntur.

C: Vērum est!
    das …

Rēgīna, fātāle mōnstrum, perīre voluit nec timuit,
    todbringend   ↓

                      nē asperae serpentēs
                                    Schlangen

                  venēnum corporī suō inicerent.
                                          einflößten

Vae, Octāviāne, quantus tibi dēnegātur triumphus!
Ach   was für ein   bleibt versagt

A: Quid **faciāmus**? Quōmodo **celebrēmus** diem fēstum?
    Deliberativ   *Deliberativ*

B: **Eāmus** in tabernam! --- Heus, caupō, **afferās** vīnum et dēliciās!«
    Hortativ   Kneipe   Wirt   *Jussiv*

Text 9: u-Dekl., e-Dekl., Gen. subi./obi.

1. Ersetze jeweils die Form von »timor« durch die entsprechende Form von »metus«.
   Übersetze dann.
   a) Causam **timoris** nostri quaeris?
   b) Hostes nobis magnum **timorem** iniecerunt.
   c) Sed tam fortes eramus, ut **timori** resisteremus.
   d) Subito **timore** liberi fuimus.
   e) Etiam nunc **timor** abest.

2. Wähle jeweils die passende Adjektivform und bestimme Kasus, Numerus und
   Genus.
   a) diebus (bonus / bonos / bonis)
   b) spem (magnum / magnam / magnorum)
   c) rerum (publicarum / publicam / publicum)
   d) facies (pulchri / pulcher / pulchrae)
   e) perniciei (tristis / tristi / triste)

3. Übersetze die Genitive passend.
   a) spes victoriae
   b) cupiditas auri
   c) fides amici (2!)
   d) forma terrae
   e) amor patris (2!)
   f) donum puellae
   g) Europae metus tauri

4. Ersetze die Formen von *vultus* durch die entsprechenden Formen von *facies*.
   Bestimme jede Form.
   vultūs (3!) – vultum – vultuum – vultibus – vultui – vultu – vultus

Entführung am helllichten Tag

Jupiter (oder Zeus, wie er bei den Griechen hieß) liebte Techtelmechtel – gerne auch mit Menschenfrauen. Darüber war seine Ehefrau Juno (bzw. Hera) regelmäßig sehr zornig. Um Europa, die junge, wunderschöne Tochter des phönizischen Königs, zu erobern, ließ sich der oberste Gott etwas Besonderes einfallen. So begab es sich, dass Europa bei herrlichem Wetter mit einigen Freundinnen zum Spielen an den Strand von Saida ging …

Eurōpa merīdiē ad lītus Sīdōnis[1] cum amīcīs ludēbat. Subitō mediīs in herbīs fōrmam ingentis taurī aspēxit. Cui erat color niveus, faciēs nobilis, vultus placidus. Eurōpa, cum prīmō māgnitūdinem eius metueret, tamen mox bestiam accessit. Flōrēs herbāsque, quās carpserat, taurō porrēxit. Quī, cum dōnō puellae gaudēret,
5 manibus eius ōscula dulcia dedit. Puella taurum rogāvit, quis esset. Taurus mūgīvit et pectus praebuit et Eurōpam impulit, ut id contingeret. Puella nesciēbat, quem tangeret; tamen, cum māgnam bestiae fidem habēret, metum dēpōsuit et tergō taurī consēdit.
At statim bestia eam mediās per amīcās in mare altum abdūcit.
10 Eurōpa, cum ad ōram patriae respīciat, omnī spē salūtis caret. Māgnō cum gemitū clāmat: »Ō pater, ō mater, ō amīcae! Quando vōs vidēbo? Vae[2]! Is diēs mihī perniciēī est!« At taurus, quem amor puellae incendit, per undās fugit, currit, contendit.
Ecce – rēs nova in cōnspectum puellae vēnit: īnsula, cuius fōrma digitō similis erat. Eurōpa, cum cōgitaret »Quam mīra est ea terra, quam procul videō!«, subitō
15 vōcem taurī audīvit: »Cyprus[3] est; sed nōs portum Crētae[4] īnsulae adībimus. Ibi tū mihī trēs filiōs pariēs.« Eurōpa respondit: »Taurus nōn es. Esne t… t… tū …?« – »Ego sum Iūppiter.«

1 **Sīdōn**, ōnis: Saida *(älteste Stadt Phöniziens);* 2 **vae**: wehe!; 3 **Cyprus**, ī: Zypern; 4 **Crēta**, ae: Kreta

Text 9 – TmT

Eurōpa **merīdiē** ad lītus Sīdōnis cum amīcīs ludēbat.
von Saida

Subitō mediīs in herbīs fōrmam ingentis taurī aspēxit.
wo?

Cui erat color niveus, **faciēs** nobilis, **vultus** placidus.
Dieser hatte …

Eurōpa,
cum prīmō māgnitūdinem eius metueret,
obwohl … wessen?
tamen mox bestiam accessit.

Flōrēs herbāsque, quās carpserat, taurō porrēxit.
gepflückt hatte, streckte sie dem Stier hin.

Quī,
Dieser
cum dōnō **puellae** gaudēret,
weil
manibus eius ōscula dulcia dedit.
wem? Küsse

Puella taurum rogāvit, quis esset.
indir. Fragesatz!

Taurus mūgīvit et pectus praebuit et Eurōpam impulit,
ut id contingeret.
id = pectus

Puella nesciēbat, quem tangeret;
wen sie …
tamen,
cum māgnam **bestiae fidem** habēret,
weil sie … Vertrauen zu …
metum dēpōsuit et tergō taurī consēdit.

At statim bestia eam mediās per amīcās in mare altum abdūcit.
Aber wohin?

Eurōpa,
   cum ad ōram patriae respīciat,
   als   *wessen?*
omnī **spē salūtis** caret.
hat sie keine …

Māgnō cum **gemitū** clāmat:

»Ō pater, ō mater, ō amīcae! Quando vōs vidēbo?

Vae! Is **diēs** mihī **perniciēī** est!«
Wehe!   bereitet mir …

At taurus,
Aber
   quem amor **puellae** incendit,
   den
per undās   fugit, currit, contendit.
               drei Verben der Bewegung!

Ecce – rēs nova in **cōnspectum** puellae vēnit:
īnsula, cuius fōrma digitō similis erat.
      deren   *wem?*

Eurōpa,
   cum cōgitaret »Quam mīra est ea terra, quam procul videō!«,
   während   Wie erstaunlich …
subitō vōcem taurī audīvit:

»Cyprus est; sed nōs **portum**   Crētae insulae   adībimus.
Zypern   der Insel Kreta

Ibi tū mihī trēs filiōs pariēs.«
              gebären *(Futur!)*

Eurōpa respondit: »Taurus nōn es. Es-ne t… t… tū …?« –

»Ego sum Iūppiter.«

Text 10: PPP, Perfektstamm des Passivs

1. Setze die Infinitive in das Perfekt Passiv und übersetze dann.
   a) Hostis (terrere).
   b) Ariadna (amare).
   c) Theseus (arcessere).
   d) Iuvenes et puellae (liberare).
   e) Bestia (necare).
   f) Templum (adire).
   g) Dei (laudare).

2. Setze ins Passiv.
   a) perturbavit
   b) ceperas
   c) adiuvero
   d) accepimus
   e) moveratis
   f) vicerint
   g) vidi

3. Bestimme die Formen und übersetze.
   a) capio – cepisti – captum est – capti erant
   b) servabatis – servaveram – servata sum – servati eritis
   c) mittis – misisti – miserant – missus eras – missae erimus
   d) audiunt – audiebat – auditi sumus – auditus ero

Heldentat auf Kreta

Der kretische Herrscher Minos hatte Athen unterworfen und die Athener dazu ver-
pflichtet, alle neun Jahre je sieben junge Frauen und Männer nach Kreta zu schicken.
Sie waren als Menschenopfer für den schrecklichen Minotaurus bestimmt, der halb
Mensch, halb Stier war und in einem Labyrinth hauste. Nun war die grausige »Zah-
lung« zum dritten Mal fällig: So machte sich die Gruppe der 14 Verdammten auf
den Weg nach Kreta – allerdings war unter ihnen der Sohn des Königs von Athen,
der Halbgott Theseus, welcher dem Unheil ein Ende setzen wollte ...

Forte Ariadna[1] agmen Gnōssum[2] intrāre vīdit. Quae nōn magis perturbāta
esset, sī ictum fulminis sēnsisset. Tam ingentī amōre Thēseī statim capta est. Ei
appropinquāvit et tālia dīxit: »Ō hospes, quī ā deīs mihī missus es! Ego, cum
fīlia rēgis sim, nōn īgnōrō mōnstrum crūdēlem, quod tē exspectat: Numquam
5   Mīnōtaurum nefārium superābis, nisī ā mē adiūtus eris. Prōmitte ergō tē mē in
mātrimōnium dūcere velle – tum vincēs!«

Thēseus, cum tālibus verbīs mōtus esset, eī cōnsiliō cōnsēnsit. Iam labyrinthum (!),
in quō Mīnōtaurus clausus erat, explōrāre voluit, cum ab Ariadna iussus est fīlum,
quod accēperat, in aditū fīgere. Thēseus iterum pāruit, sōlus prōcessit.
10   Mediō in labyrinthō (!) subitō mōnstrōsa (!) fōrma Mīnōtaurī vīsa est. Quam saeva,
quam ācris est pūgna! Ecce ingens ōs, ecce bracchia[3] fortia Mīnōtaurī! At Thēseus,
quī gladiō pūgnat, perterritus nōn est et impetuī mōnstrī resistit. Gladium in caput
boārium[4] mittit; vīs ictūs oculōs linguamque Mīnōtaurī prōtrūdit[5].

Thēseus tantō gaudiō affectus est, ut ex-clāmāret: »Hercle[6]! Mīnōtaurus humī
15   iacet. Iam mōnstrum occīsum est, iam Athēniēnsēs[7] servātī sunt!« Deinde, quia
fīlum viam dēmōnstrābat, hērōs[8] incolumis ad Ariadnam rediit.

---

1 Ariadna, ae: Ariadne (Tochter des Minos); **2 Gnōssus**, ī: Knossos *(Sitz des Minos auf Kreta)*;
3 bracchium, ī: (Ober-)Arm; **4 boārius**, a, um: Rinds-/Stier-; **5 prōtrūdere**, -trūdō, -trūsī,
-trūsum: hervortreten lassen; **6 Hercle!**: beim Herkules!; **7 Athēniēnsēs**: die Athener; **8 hērōs**,
ōis: Held

Text 10 - TmT

Forte <u>Ariadna</u> [agmen Gnōssum intrare] vīdi<u>t</u>.
    Ariadne   *AcI!* Knossos

<u>Quae</u> nōn magis **perturbāta esse<u>t</u>**,
Diese   *Konj. Plqupf.*
    sī ictum fulminis sēnsisse<u>t</u>.
    Blitzschlag   *Konj. Plqupf. (Irrealis!)*

Tam ingentī amōre Thēseī statim **capta es<u>t</u>**.
Von einer so ...   zu Theseus

Ei appropinquāvi<u>t</u> et tālia dīxi<u>t</u>:
              Derartiges

»Ō hospes, <u>quī</u> ā deīs mihī **missus e<u>s</u>**!

<u>Ego</u>,
    cum fīlia rēgis sim,
    weil   *wessen?*
nōn īgnōr<u>ō</u> mōnstrum crūdēlem,
    <u>quod</u> tē exspecta<u>t</u>:
    das

Numquam Mīnōtaurum nefārium superābis,
    nisī ā mē **adiūtus eri<u>s</u>**.
          Futur II (übersetze mit Präsens!)

Prōmitte ergō [tē mē   in mātrimōnium dūcere   velle] – tum vinc<u>ēs</u>!«
Imperativ   *AcI!*   heiraten

<u>Thēseus</u>,
    cum   tālibus verbīs   **mōtus esse<u>t</u>**,
    weil   *wovon?*
eī cōnsiliō cōnsēnsi<u>t</u>.
wem?

Iam labyrinthum (!),
    in quō <u>Mīnōtaurus</u> **clausus era<u>t</u>**,
explorare volui<u>t</u>,
    cum ab Ariadna **iussus es<u>t</u>**   fīlum,
    als ihm ... befohlen wurde ...   Faden
        quod accēpera<u>t</u>,
    in aditū fīgere.
        wo?   zu befestigen

Thēseus iterum pāruit, sōlus prōcessit.

Mediō in labyrinthō (!)   subitō mōnstrōsa (!) fōrma Mīnōtaurī **vīsa est**.

Quam saeva, quam ācris est pūgna!
Wie …,   wie …

Ecce ingens ōs, ecce bracchia fortia Mīnōtaurī!
        Maul   Oberarme

At Thēseus,
    quī gladiō pūgnat,
        womit?
perterritus nōn **est** et impetuī mōnstrī resistit.
                    wem?   wessen?

Gladium in caput boārium mittit;
            auf den Stierkopf
vīs ictūs oculōs linguamque Mīnōtaurī prōtrūdit.
Die Gewalt des Hiebes   lässt … hervortreten

Thēseus tantō gaudiō **affectus est**, ut ex-clāmāret:
        wurde von so großer Freude erfüllt, dass …

»Hercle! Mīnōtaurus humī iacet.
Beim Herkules!   am Boden

Iam mōnstrum **occīsum est**, iam Athēniēnsēs **servātī sunt**!«
        getötet   die Athener

Deinde,
    quia filum viam dēmōnstrābat,
        Faden
hērōs incolumis ad Ariadnam rediit.
Held wohlbehalten

Vokabelregister

Text 1:

alter … alter	der eine … der andere
cīvitās, ātis f.	der Staat
cōnstat + AcI	es ist bekannt, dass
creāre	wählen
fīnis, is m.	das Ende, die Grenze, *pl.*: das Gebiet
impōnere, -pōnō, -posuī, -positum	auferlegen, hineinlegen, auflegen
licet	es ist möglich
magistrātus, ūs m.	der Beamte, das Amt
turpis, e	schlimm, schrecklich, schändlich
vectīgal, ālis n.	die Steuer, Abgabe
vetāre, vetō, vetuī, vetitum	verbieten

Text 2:

aestās, ātis f.	der Sommer, die Hitze, das Jahr
dīves, itis	reich
ēvertere, -vertō, -vertī, -versum	umstürzen, zerstören
frāter, tris m.	der Bruder
lēx, lēgis f.	das Gesetz
nōscere, nōscō, nōvī, nōtum	kennenlernen; *pf.:* wissen, kennen
ōdisse, ōdī	hassen
perīre, -eō, -iī	scheitern, zugrunde gehen
possidēre, -sideō, -sēdī, -sessum	besitzen
quoque [nachgestellt]	auch
ūtī, ūtor, ūsus sum + Abl.	benutzen, gebrauchen

Text 3:

adesse, adsum, affuī	helfen, da sein
alter, altera, alterum	der eine (von beiden), der andere

aspicere, -iciō, aspēxī, aspectum	erblicken, ansehen
celer, celeris, celere	schnell
clāmor, ōris m.	das Geschrei, der Lärm
crēdere, crēdō, crēdidī, crēditum	glauben
dum	während, solange als/bis
effugere, -fugiō, effūgī	entkommen
iubēre, iubeō, iūssī, iussum	befehlen
nāvis, is f.	das Schiff
ōs, ōris n.	das Gesicht, der Mund
plūs quam	mehr als

Text 4:

adiuvāre, -iuvō, -iūvī, -iūtum	unterstützen, helfen
āgmen, āgminis	der Zug, die Schar
cernere, cernō, crēvī, crētum	sehen
cōgitāre	denken, bedenken, überlegen
genus, generis n.	die Art, das Geschlecht
ingēns, -ntis	gewaltig, riesig
neque … neque	weder … noch
opprimere, -primō, -pressī, -pressum	bedrängen, unterdrücken
parcere, parcō, pepercī	(ver-)schonen, sparen
subicere, -iciō, -iēcī, -iectum	unterwerfen

Text 5:

accipere, -cipiō, -cēpī, -ceptum	empfangen
arma, ōrum n. Pl.	die Waffen
augēre, augeō, auxī, auctum	vermehren, übertreiben
comperīre, -periō, -perī, -pertum	erfahren
emere, emō, ēmī, ēmptum	kaufen
ēripere, -ripiō, -ripuī, -reptum	entreißen
nōbiscum	mit uns

nūbere, nūbō, nūpsī, nūpta	heiraten (aus Sicht der Frau)
praeda, ae f.	die Beute
relinquere, -linquō, -līquī, -lictum	zurücklassen, verlassen
solvere, solvō, solvī, solūtum	zahlen, lösen, auflösen
vidēre, videō, vīdī, vīsum	sehen

Text 6:

audācia, ae f.	der Mut, die Kühnheit
gerere, gerō, gessī, gestum	führen, tragen, ausführen, machen
hiems, hiemis f.	der Winter, das Unwetter, der Sturm
interficere, -ficiō, -fēcī, -fectum	töten
iter, itineris n.	der Weg, der Eilmarsch
lacessere, lacessō, lacessīvī, lacessītum	reizen, herausfordern
poenās dāre	bestraft werden
pōns, pontis m.	die Brücke
praecipitāre	kopfüber herabstürzen, stürzen
sē praestāre, -stō, -stitī, -stitum	sich zeigen
proelium, ī n.	der Kampf, das Gefecht
supplex, supplicis	demütig bittend, flehend

Text 7:

arbiter, trī m.	der Schiedsrichter
coniūnx, iugis f./m.	die Gattin, der Gatte; *Adj.:* verheiratet
expellere, -pellō, -pulī, -pulsum	hinauswerfen, vertreiben
exstāre	auftreten, hervorstehen, sich zeigen
īnstituere, -stituō, -stituī, -stitūtum	einrichten
libīdō, inis f.	die Begierde, die Lust, das Verlangen
obsidēre, -sideō, -sēdī, -sessum	belagern, besetzt halten
permovēre, -moveō, -mōvī, -mōtum	erregen, bewegen, beunruhigen
pōstulāre	fordern, verlangen
quīdam, quaedam, quiddam	einer, ein gewisser

uter, utra, utrum (Gen. utrīus, Dat. utrī)	wer?, welcher von beiden?
utrum ... an	ob ... oder

Text 8:

accidere, accidō, accidī	geschehen, sich ereignen
agere, agō, ēgī, āctum	treiben, begehen, führen, tun
asper, aspera, asperum	übel, rauh, uneben, hart
celebrāre	feiern, rühmen, besuchen
contingere, -tingō, -tigī, -tāctum	glücken, gelingen
convīvium, ī n.	das Gelage, Gastmahl
diēs fēstus m.	der Feiertag, der Festtag
nefās n.	das Unrecht, der Frevel
palam	offen, öffentlich
quaerere, quaerō, quaesīvī, quaesītum	suchen, fragen
vehī, vehor, vectus sum	fahren
venēnum, ī n.	das Gift

Text 9:

carpere, carpō, carpsī, carptum	pflücken, genießen
color niveus m.	schneeweiße Farbe
contendere, -tendō, -tendī, -tentum	eilen, sich anstrengen, kämpfen, behaupten
gemitus, ūs m.	das Seufzen, das Stöhnen
impellere, -pellō, -pulī, -pulsum	antreiben, veranlassen
merīdiēs, -ēī m.	der Mittag
mūgīre	muhen, brüllen
ōsculum, ī n.	der Kuss
parere, pariō, peperī, partum	gebären, hervorbringen
perniciēs, ēī f.	das Verderben, der Untergang
porrigere, -rigō, -rēxī, -rēctum	hinstrecken, darreichen, geben
vultus, ūs m.	der Gesichtsausdruck, die Miene

Text 10:

ācer, ācris, ācre	heftig, scharf, spitz
afficere, -ficiō, -fēcī, -fectum	versehen, in einen Zustand versetzen
fīgere, fīgō, fīxī, fīxum	anheften, befestigen
forte	zufällig
fulmen, minis n.	der Blitz
humī	auf dem Boden, auf den Boden
ictus, ūs m.	der Hieb, der Schlag, der Stoß
impetus, ūs m.	der Angriff, der Ansturm
incolumis, e	wohlbehalten, unverletzt, unversehrt
prōmittere, -mittō, -mīsī, -missum	versprechen
vincere, vincō, vīcī, victum	siegen, besiegen

Lösungen

Text 1:

1. a) -ne: ja/nein – num: nein – nonne: ja.
   b) Kommt Titus etwa? – Kommt Titus? – Kommt Titus etwa nicht?
2. ich weiß/weiß genau/wusste genau/sage/sagte/ihr seht/es ist bekannt, dass
   - ich alles weiß
   - ihr euch bemüht, mich zu übertreffen
   - ich der Beste bin
   - die alte Zeit glücklich war
   - der Kaiser den Staat lenkt
   - die Römer Konsuln wählten
   - jeder/der eine dem anderen helfen muss
   - Augustus ein großer Kaiser war
3. z. B. dicere, negare, cogitare, putare, credere, scire, nescire, (non) ignorare, videre, intellegere

Übersetzung:

S.: Ist die Zeit nicht schlimm? Mein Sohn erzählte mir, dass der Kaiser uns neue Steuern auferlegt. Es ist bekannt, dass unsere führenden Leute sich immer darum bemühen/darauf aus sind, dass wir elend zugrunde gehen. Erinnert ihr euch daran, dass alle Bürger in alten Zeiten glücklich waren? Damals blühte unser Staat.

L.: Denn überall herrschte Einigkeit der Stände/zwischen den Ständen.

V.: Was wollt ihr sagen? Glaubt ihr vielleicht, dass »damals« jeder (der eine) dem anderen geholfen hat – (auch) die Senatoren dem Volk? Ihr träumt wohl! Es gab viele Bürgerkriege. Ihr wisst genau, dass die Macht des Kaisers ihnen/diesen ein Ende gesetzt hat.

S.: Es gab Kriege (= ja). Aber damals waren nicht nur wenig Leute wie Augustus und dessen Verwandte und Freunde politisch tätig. Dem ganzen Volk war es möglich, führende Männer zu wählen, sogar den Plebejern. Dass es deswegen dem Staat gutging, ist bekannt. Denn die Senatoren mussten, nachdem sie über ein neues Gesetz in der Kurie diskutiert hatten, vor/in der Volksversammlung den Gesetzesantrag einbringen, und die Volkstribunen sagten »Veto/wir sind dagegen«, wenn sie nicht wollten, dass die Gesetze der Senatoren dem Volk auferlegt wurden.

L.: Kein Princeps/Kaiser herrschte. Jedes Jahr wählten die Römer Konsuln und Tribunen und andere Beamte. Wenn sie nichts Gutes getan hatten, wählte sie danach keiner mehr.

V.: Auch heute wollen wir nicht, dass uns schlechte Gesetze auferlegt werden. Aber das Volk machte manchmal einen Aufstand vor der Kurie.

L.: Ich sag nicht, dass es keinen Tumult gab/ich leugne nicht, dass es Tumulte gab. Es ist bekannt, dass eine aufgebrachte Menschenmenge auch einige Tribunen getötet hat.

V.: Ich mag lieber Frieden – und du, Safinius, magst du etwa lieber Krieg? Darum will ich nicht, dass die alten Zeiten zurückkehren!

Text 2:

1. non amare/odisse – scitis/novistis – memoria tenebis/memineris – meminimus/memoria tenemus – noverant/sciverunt – scit/novit – odero/non amabo – noverunt/sciunt

2.

meministis	memoria tenetis
oderas	non amavisti
novi	scio
oderunt	non amant
noveratis	scivistis
noverit	sciet
meminerimus	memoria tenebimus
memini	memoria tenui

3. aetate – die – tempore – anno – hora – mense – nocte – vere – aestate – autumno – hieme

4. am Abend – in der nächsten Nacht – mitten in der Nacht/um Mitternacht – zu dieser Zeit – in dieser Stunde – zur selben Stunde – am folgenden Tag – zur ersten Stunde/in der Früh – viele Stunden später – in diesem Jahr

Übersetzung:

Heute noch erinnern wir uns an die Gracchen, die berühmten Brüder. Als Volkstribunen wollten Tiberius und Gaius den Staat reformieren. Zu dieser Zeit besaßen wenige Reiche einen großen Teil des Ackerlands/der Felder. Es gab/herrschte keine Eintracht unter den Bürgern. Alle hassten einander (jeder hasste den anderen). Denn das Volk wollte nicht, dass Konsuln und führende Leute den Staat durch ungerechte Gesetze leiteten. Deswegen sagte Tiberius Gracchus in dem Sommer, als er Volkstribun war, in der Volksversammlung ungefähr Folgendes: »Ich bin kein Plebejer, aber ihr wisst, dass ich möchte, dass es euch allen gutgeht. Ich will den Staat nicht umstürzen. Darum/um Folgendes bitte ich euch: Gebt mir zum zweiten Mal die Amtsgewalt/Macht und wählt mich zum Tribun! Schon in diesem Jahr werden auch die Plebejer durch das neue Ackergesetz das staatliche Ackerland nützen können!« Aber später wollte ein anderer Volkstribun nicht (lehnte ... ab), dass dieses Gesetz angenommen wird. Überall herrschte Tumult und Tiberius wurde ermordet.

Wir wissen, dass wenige Jahre später auch der Bruder des Tiberius als Volkstribun kläglich scheiterte.

Text 3:

1. Skylla und Charybdis greifen alle Schiffe an.
   Skylla fängt ...
   ... Männer, die mit ungeheurer Tapferkeit gekämpft haben.
   ... Frauen, deren Geschrei groß ist.
   ... einen Hund, dem sie schließlich das Leben zum Geschenk gibt.

Charybdis fängt …
… ein ganzes Schiff, das sich ihr nähert.
2. »Es gerät an Skylla, wer Charybdis meiden will.«
Deutsche Entsprechung: Man kommt vom Regen in die Traufe.
3. a) dominus, qui monstra (!) videt
der Herr, der Ungeheuer sieht
b) comites, quos Scylla capit
die Gefährten, die Skylla fängt
c) insula, in qua Scylla habitat
die Insel, auf der Skylla haust (wohnt)
d) fatum, quod Ulixes crudele vocat
das Schicksal, das Odysseus grausam nennt
4. a) Terra, e **qua** venimus, pulchra est.
Das Land, aus dem wir kommen, ist schön.
b) Bestias, **quae** nos interficere volunt, videmus.
Wir sehen wilde Tiere, die uns töten wollen.
c) Calamitas hominum, **quorum** naves Charybdis cepit, nos omnes movet.
Das Unglück der Menschen, deren Schiffe Charybdis gefangen hat, bewegt
uns alle.
d) Insulam, **quam** petimus, ignoramus.
Die Insel, die wir aufsuchen, kennen wir nicht.
e) Scyllam et Charybdim, de **quibus** audivimus, timemus.
Wir fürchten Skylla und Charybdis, von denen wir gehört haben.
f) Tamen de salute, **quae** fortasse in periculo est, non desperamus.
Dennoch verzweifeln wir nicht an der Rettung, die vielleicht in Gefahr ist.

Übersetzung:
»Höre, höre nun von den Ungeheuern, denen kein Schiff entkommt! Plötzlich erblickte
ich weit weg große Wellen: Es war Charybdis, die Schiffe wie eine Speise verschlingt.
Ich wusste genau, dass wir uns ihr nicht nähern durften. Also befahl ich, das Schiff zu
wenden. So hielten wir einen neuen Kurs, den ich für sicher hielt, aber auf dem wir
dennoch Charybdis von weitem sahen. Während wir ihr einzigartiges Schauspiel be-
trachteten, konnten wir unsere Augen nicht abwenden. Ich hörte Lärm und Geschrei,
ich sah einen tiefen Strudel, den ich mehr als alles fürchtete. Plötzlich war Stille, was
(die) oft schrecklich ist.
Schon glaubten wir, dass wir der Gefahr entkommen seien, als ich das andere Ungeheuer erblickte, das mich am meisten erschreckte. Sieh da, Skylla, die auf einer Insel
nahe bei Charybdis haust (wohnt)! Sie hat sechs Gesichter, in denen zwölf Augen wie
Flammen glühen. Wie heftig ist das Geschrei, wie gewaltig die Kraft dieser Bestie! Kein
Mensch, der die Bestie angreift, kann sie töten.
Während meine tapferen Gefährten auf dem Schiff standen und sich bemühten, die
Gefahr zu verstehen, entriss mir die schnelle Skylla einige von ihnen. Sie, die meinen
Namen immer wieder schrien, konnte ich jedoch nicht retten. O grausames Schicksal!
Warum hat Neptun, der vielen hilft, uns nicht geholfen?«

Text 4:

1. a)

Konj. Impf.	Konj. Plqpf.
	venissent
cerneretis	cogitavissemus
moneres	adfuisses
	oppressisset
cognoscerent	
possem	nupsissem
	voluissetis

1. b) venirent – cogitaremus – cernuissetis – adesses – monuisses – opprimeret – cognovissent –nuberem – potuissem – velletis

2.

Inf. Präs.	Konj. Impf.	Inf. Pf.	Konj. Plqpf.
amare	amarem	amavisse	amavissem
parcere	parceres	pepercisse	pepercisses
movere	moveret	movisse	movisset
facere	faceremus	fecisse	fecissemus
esse	essent	fuisse	fuissent

3. a) tenebam: Ind. Impf. – pepulisset: Konj. Plqupf. – staremus: Konj. Impf. – duxeram: Ind. Plqupf. – fugerent: Konj. Impf. –sederet: Konj. Impf.

   b) abstulerant: Ind. Plqupf. – delebam: Ind. Impf. – adhibuissent: Konj. Plqupf. – relinquerent: Konj. Impf. – deessemus: Konj. Impf.

4. a) Si citius *(schneller)* curreremus, …
   Wenn wir schneller liefen, (kämen wir vielleicht rechtzeitig.)

   b) Si primo loco staremus, …
   Wenn wir im ersten Rang stünden, (könnten wir besser sehen.)

   c) Si captivi liberi essent, …
   Wenn die Gefangenen frei wären, (würden sie sich rächen wollen.)

   d) Nisi forum plenum hominum esset, …
   Wenn das Forum nicht voller Menschen wäre, (wäre es mir lieber.)

   e) Si tu mihi parares, …
   Wenn du mir gehorchen würdest, (wäre ich sehr zufrieden.)

5. a) Multitudo senatorum – consilium senatorum
   Die Menge der Senatoren (Genitivus partitivus) – der Plan der Senatoren (Genitivus subiectivus)

   b) Nihil ingenii – fides ingenii
   Nichts an Talent (Genitivus partitivus) – Vertrauen aufs Talent (Genitivus obiectivus)

   c) Amor filiorum (2!) – aliquot filiorum
   Die Liebe der Söhne (Genitivus subiectivus) / Die Liebe zu den Söhnen (Genitivus obiectivus) – einige der Söhne (Genitivus partitivus)

d) Pars pecuniae – Cupiditas pecuniae
Ein Teil des Geldes (Genitivus partitivus) – Gier nach Geld / Geldgier (Genitivus obiectivus)
e) Spes auri – copia auri
Die Hoffnung auf Gold (Genitivus obiectivus) – eine Menge Gold / des Goldes (Genitivus partitivus)

<u>Übersetzung:</u>
»Schon dachte ich bei mir: ›Siehe da, das Forum voller Menschen – sicherlich werde ich nichts von dem Triumphzug sehen! Es ist meine Schuld. Wenn ich mich mehr beeilt hätte, wäre ich nicht so spät gekommen. Wenn ich aber rechtzeitig gekommen wäre, könnte ich nun alles sehen.‹
Plötzlich sah ich meinen Freund Biturix, der mitten in der Menge stand und schrie: ›Tiro, Tiro, komm herbei! Ich werde dir helfen, denn dein Cicero hat meinem Herrn geholfen. Komm! Mein Herr steht im ersten Rang.‹
Tatsächlich rief mich der Herr des Biturix zu sich. Ich schwöre bei Jupiter: Wenn er dies nicht getan hätte, könnte ich nun nichts erzählen.
Schon war der Festzug da: Ich erblickte jede Art von Schmuckstücken, eine erstaunliche Menge an Gold und Silber und viele wilde Tiere, die ich niemals zuvor gesehen hatte. Nicht beeindruckte mich aber mehr als gewaltige Tafeln, auf denen ich Glück und Elend des Krieges erblickte: Häuser und Tempel, die brennen; Soldaten, die ihre Feinde nicht verschonen; den Feldherrn, der sich mit seinen Kohorten über den Sieg freut … Ich würde alles erzählen, wenn ich die Zeit hätte.
Während wir den Zug der Gallier sahen, war Biturix traurig: Er empfand Schmerz über das Leid der gefangenen Feinde.
Da mahnte ich: ›Nenne nicht ausländische Menschen, die unsere Soldaten unterworfen haben, elend! Es war ein gerechter Krieg: Freilich hätte Cäsar die Gallier weder angegriffen noch zu Kriegsgefangenen gemacht, wenn sie nicht unsere Verbündeten bedrängt hätten … Sieh da, Vercingetorix! Ist er etwa nicht einem wilden Tier ähnlich?‹«

Text 5:

1. vult – noluistis – malo – nolunt – vouisse – malumus – non vis – volui
2. a) Die Soldaten wollen nach Germanien hinüber ziehen, aber die Germanen wollen nicht, dass sie kommen.
   b) Deshalb will die römische Legion vieles erfahren und schickt einen Kundschafter.
   c) Da fragen ihn die Soldaten: »Willst du erzählen?« –
   d) »Wollt ihr hören?«
   e) »Wir wollen nicht hören, dass wir unsere Truppen zurückziehen müssen.
   f) Wir wollen lieber hören, dass die Unsrigen siegen können.« –
   g) »Vielleicht will ich nicht erzählen, ich will lieber schweigen.«
   h) Die Germanen fragten den gefangenen Kundschafter:
   i) »Was wolltest du erfahren?« –
   j) »Ich wollte nichts … Die Römer wollten, dass ich euch aufsuche.«

3. a) Te audire volo. Ich will dich hören.
    b) Num parere noluisti? Hast du etwa nicht gehorchen wollen?
    c) Hoc certe facere volemus. Dies werden wir gewiss tun wollen.
    d) Nonne amici mihi adesse voluerant? Hatten die Freunde mir etwa nicht helfen wollen?
    e) Servus me audire nolebat. Der Sklave wollte mich nicht hören.
    f) Vultisne mihi omnia narrare? Wollt ihr mir alles erzählen?

Übersetzung:

Quinctilius: »Habt ihr das Gold, die Waffen und Schmuckstücke gesehen, die wir den Galliern entrissen haben? Ich habe viel Geld vom Feldherrn erhalten, weil ich so gut gekämpft habe. Wenn ich wollte, könnte ich das ganze Wirtshaus kaufen. Aber ich will nicht.«

Antonius: »Höre endlich auf, deine Güter mit Worten übertreiben zu wollen! Du willst lieber Geld lieben als die schönen Mädchen, die den Triumphzug ansahen. Eine von ihnen schrie, als sie mich, Gaius und Quintus, meine Freunde, sah: ›Seht, die tapferen Männer! Ich will lieber sie betrachten als die Beute. Wenn es möglich wäre, würde ich alle drei heiraten wollen.‹«

Clodius: »Ich will keine Geschichten über Gold oder Mädchen hören. Ach! Meine Frau hat mich verlassen, während wir in Gallien kämpften. Weh mir! Wenn ich nicht weggegangen wäre, wäre ich nun nicht allein!«

Antonius: »Du bist nicht allein. Auf, trink mit uns! Haben wir nicht erfahren, dass Quinctilius viel Geld besitzt? Also wird Quinctilius gewiss für den Wein bezahlen wollen.«

Clodius: »O Triumph! Juchhe!«

Quinctilius: »Schont mich! Ich will nicht bezahlen. Warum wollen meine Gefährten mir nicht helfen?«

Text 6:

1. a) mit Freunden weggehen – obwohl … waren – nachdem/als … vertrieben hatten – weil … sind/bleiben
    b) dass … war – damit
    c) dass … nicht noch einmal angriffen – dass … seien/sind
2. a)

Positiv	Komparativ	Superlativ	Adj./Adv.
miser	miserior	miserrimus	Adj.
fortes	fortiores	fortissimi, ae	Adj.
celeriter	celerius	celerrime	Adv.
magnum	maius	maximum	Adj.
graviter	gravius	gravissime	Adv.
longi, ae	longioris, -es	longissimi	Adj.
bene	melius	optime	Adv.

b) misere/miserius/miserrime – fortiter/fortius/fortissime – celer/celerius/
celerrimus – /maius/maxime – gravis/gravior/gravissimus – longe/longius/
longissime – alte/altius/altissime – feliciter/felicius/felicissime – bonus/
melior/optimus

3. a) Germani *fortissimi* hostes Romanorum sunt. Die Germanen sind die tapfersten
Feinde der Römer.

b) Legiones Romanorum *maiores* quam Gallorum sunt. Die Legionen der
Römer sind größer als die der Gallier.

<u>Übersetzung:</u>
Als Caesar in Gallien Krieg führte, lieferte er sich auch mit den Germanen sehr schwere
Gefechte. Denn es war Sitte der Germanen, dass sie ihre Wohnsitze verließen, den
Rhein mit einer großen Menschenmenge überquerten und die Römer im Gebiet der
Gallier zum Kampf herausforderten (ihre Wohnsitze zu verlassen, … zu überqueren
und … herauszufordern).
Caesar fürchtete, dass den Römern ein ziemlich schwieriger Krieg bevorstehe. Des-
wegen kam er schon fast im Winter aus der Stadt Rom zu den Legionen in einem
Eilmarsch. Die Germanen aber schickten Gesandte zu Caesar, damit sie flehend bitten
sollten (um … zu bitten), dass die Römer nicht weiter vorrückten. Als Caesar dies ver-
neint hatte, gab es am nächsten Tag eine große Schlacht: Auf beiden Seiten kämpften
die Truppen mit großem Mut, verwirrten die Feinde und vertrieben sie. Viele Soldaten,
die tapfer gekämpft hatten, töteten sie.
Schließlich drangen die Römer ins Lager der Germanen ein. Die Germanen griffen
schnell zu den Waffen, um sich zu verteidigen, aber sie gewannen nicht. Weil/als sie
über den Rhein fliehen wollten, stürzten sie sich sehr tapfer in den Fluss und gingen
ganz elend zugrunde.
Trotzdem fürchtete Caesar sehr, dass der Frieden nicht allzu sicher war. Deshalb baute
er eine Brücke/ließ er … bauen, damit die Germanen bestraft würden. Die Römer ver-
wüsteten die Felder und zeigten sich schrecklicher als Barbaren. Aber in Wirklichkeit
fürchteten sie, dass sich die Germanen in den weiten Wäldern versteckten. Deswegen
baten sie die Götter, dass sie ihnen helfen sollten (ihnen zu helfen) und dass den wilden
Barbaren nicht möglich sein solle, die Römer zu unterwerfen.

Text 7:

1. a) *quae.* Caesar liebte Kleopatra. Sie/diese war die Königin von Ägypten.

b) *quacum.* Caesar liebte Kleopatra. Mit ihr/dieser zeugte er einen Sohn.

c) *quod.* Caesar war Feldherr. Dies gefiel vielen nicht.

d) *qua.* Kleopatra und Ptolemaios stritten um die Herrschaft. Aus diesem
Grund/deshalb kam Caesar nach Ägypten.

e) *quos.* Die Soldaten kämpfen tapfer. Diese/sie lobt der Feldherr.

2. a) Caesar <u>potestatem</u> sibi <u>datam</u> confirmare studet.

   Caesar <u>regnum</u> Cleopatrae et fratri a patre eorum <u>traditum</u> adit.

   <u>Caesarem</u> bella cum Germanis <u>gerentem</u> multi timuerunt.

   Caesar Cleopatram valde <u>amans</u> reliquit.

   Caesar <u>Cleopatram</u> a fratre <u>expulsam</u> adiuvit.

   b) wörtlich, mit Relativsatz, mit Adverbialsatz (temporal, kausal, adversativ, modal), als eigenes Prädikat mit Beiordnung

   c) z. B. Caesar bemüht sich seine Macht, die ihm gegeben wurde, zu stärken/ seine Macht zu stärken, nachdem sie ihm gegeben worden ist.

   Caesar sucht das Reich, das Kleopatra und ihrem Bruder von deren Vater übergeben worden war, auf/das Kleopatra … von ihrem Vater übergebene Reich auf.

   Viele fürchteten Caesar, weil/als er Krieg gegen die Germanen führte.

   Caesar verließ Kleopatra, die er sehr liebte/obwohl er sie sehr liebte

   Caesar half Kleopatra, die/als sie von ihrem Bruder vertrieben worden war.

3. aus Zorn/aus Habgier/in der Hoffnung auf Herrschaft/im Verlangen nach Kleopatra/wegen der Schönheit seiner Freundin/vor Freude

   → Partizipien bei Verben der Gefühlsregung können weggelassen werden

<u>Übersetzung:</u>

Cicero: Was gibt's Neues?

Tiro: Wir wissen ja, dass Caesar sich darum bemüht, seine Macht, die durch verschiedene Dinge gut eingerichtet ist, zu stärken. Aber auf diese Weise –

Cicero: Sag schon, was du weißt.

Tiro: Caesar tritt in der Hoffnung auf Herrschaft (von der Hoffnung … erfüllt) in Ägypten als Schiedsrichter auf, weil König Ptolemaios und Königin Kleopatra, seine Schwester, um die Herrschaft streiten. Es ist Sitte bei den Ägyptern, dass Schwester und Bruder verheiratet sind. Deswegen wäre es auch Ptolemaios und Kleopatra möglich, in Ägypten, das ihnen von ihrem Vater hinterlassen wurde, zu herrschen. Trotzdem warf der Bruder seine Schwester aus dem Königspalast. Diese schickte einen Boten zu Caesar, der verlangte, dass es der Königin erlaubt sein solle, Caesar heimlich zu treffen. Dies verweigerte Caesar, der von Begierde nach Kleopatra erfüllt war, nicht, obwohl er glaubte, dass die Sache schwierig sei, weil die Soldaten des Ptolemaios Caesars Haus belagerten.

Als aber Caesar auf die Königin wartete, kam ein Ägypter und sagte: »Die Königin der Ägypter hat mich geschickt, um zu fragen/damit ich dich frage, ob Kleopatra Caesar diesen fest verschnürten Teppich als Geschenk geben/schenken dürfe.« Dieses nahm Caesar an. Der Ägypter ging weg und aus dem Teppich kam – die Königin!

»Ich übergebe mich deiner Freundschaft«, sagte sie, »ich wusste nicht, ob ich dich zu mir rufen oder selbst kommen sollte. Aber Letzteres schien mir einfacher zu bewerkstelligen.«

Sehr erfreut über dieses Geschenk und von der Schönheit/Liebenswürdigkeit der Königin ergriffen/weil er … war, versprach Caesar, sie zu unterstützen/dass er sie unterstützen werde.

Cicero: Bemüh dich nun, herauszufinden, wem von beiden Caesar die Herrschaft gibt – Kleopatra oder Ptolemaios, und warum!

Text 8:

1.

Indikativ Präsens	Konjunktiv Präsens	Futur	Konjunktiv Imperfekt
dicit	dicat	*dicet*	*diceret*
absum	*absim*	abero	*abessem*
gaudemus	*gaudeamus*	gaudebimus	*gauderemus*
vinco	vincam	vincam	*vincerem*
auditis	*audiatis*	audietis	*adiretis*
pereunt	*pereant*	peribunt	*perirent*
credit	*credat*	*credet*	crederet
cenas	cenes	*cenabis*	cenares
quaerunt	quaerant	*quaerent*	*quaererent*
agit	*agat*	aget	*ageret*

2. a) Deliberativ: Wann sollen wir kommen?
   b) Jussiv: Der Sklave soll schweigen!
   c) Optativ: Hoffentlich geht es dir gut/bist du gesund!
   d) Potentialis: Jemand könnte sagen …
   e) Optativ: Hoffentlich kommst du gut heim!
   f) Hortativ: Lasst uns verschwinden!
   g) Deliberativ: Was soll ich tun?
   h) Jussiv: Du sollst Wein herbringen!
   i) Potentialis: Es gab Lärm. Man hätte glauben können, dass viele Leute Gladiatoren anfeuern.
   j) Jussiv: Alle Sorgen sollen verschwinden.

Übersetzung:
A: Ich will euch sagen, was ich gehört habe: Kleopatra und Antonius sind tot! Jetzt wollen wir uns freuen, trinken, tanzen, essen, um einen Feiertag zu begehen! Alle Sorgen sollen verschwinden! Die Ängste sollen abhauen und immer fernbleiben! Niemals soll es und wird es ein Unrecht sein, offen zu sagen, was wir fühlen. Wir werden angenehme Zeiten verbringen.
B: Was sagst du? Man hätte glauben können, dass das niemals geschieht. Die Königin arbeitete immer darauf hin, dass das Reich untergeht. Sie stachelte die Männer mit ihren Reizen an, das zu suchen, was dem Reich schadete.
A: Aber Octavian, dem tapferen Mann, gelang es, sie und ihren Liebhaber zu besiegen. Jetzt wird sich Kleopatra nicht mehr über Gelage freuen und zu Schiff durch Ägypten fahren. Niemals wird es geschehen, dass ihr Ehren erwiesen werden.
C: Das ist wahr! Die Königin, das todbringende Monster, wollte zugrunde gehen und hatte keine Angst davor, dass die üblen Schlangen ihrem Körper Gift einflößten. Ach, Octavian, was für ein Triumphzug bleibt dir versagt!
A: Was sollen wir tun? Wie wollen wir den Feiertag feiern?
B: Lasst uns in die Kneipe gehen! --- He, Wirt, du sollst uns Wein und Leckereien bringen/bring uns …!

Text 9:

1. a) Causam **metus** nostri quaeris? Du fragst nach dem Grund unserer Furcht?
   b) Hostes nobis magnum **metum** iniecerunt. Die Feinde jagten uns große Furcht ein.
   c) Sed tam fortes eramus, ut **metui** resisteremus. Aber wir waren so tapfer, dass wir der Furcht widerstanden.
   d) Subito **metu** liberi fuimus. Plötzlich waren wir frei von Furcht.
   e) Etiam nunc **metus** abest. Auch jetzt ist die Furcht weg.
2. a) diebus bonis: Dat./Abl. Pl. m./f.
   b) spem magnam: Akk. Sg. f.
   c) rerum publicarum: Gen. Pl. f.
   d) facies pulchrae: Nom. Pl. f.
   e) perniciei tristi: Dat. Sg. f.
3. a) spes victoriae: die Hoffnung auf den Sieg
   b) cupiditas auri: die Gier nach Gold / Goldgier
   c) fides amici (2!): das Vertrauen des Freundes / auf den Freund
   d) forma terrae: die Gestalt der Erde
   e) amor patris (2!): Die Liebe des Vaters / zum Vater
   f) donum puellae: das Geschenk des Mädchens
   g) Europae metus tauri: Europas Furcht vor dem Stier
4. facies: Nom./Akk. Pl. ODER faciei: Gen. Sg. – faciem: Akk. Sg. – facierum: Gen. Pl. – faciebus: Dat./Abl. Pl. – faciei: Dat. Sg. – facie: Abl. Sg. – facies: Nom. Sg.

Übersetzung:

Europa spielte mittags mit ihren Freundinnen an der Küste von Sidon. Plötzlich erblickte sie mitten in den Kräutern die Gestalt eines gewaltigen Stiers. Er hatte eine schneeweiße Farbe, ein edles Gesicht und eine friedliche Miene.
Obwohl Europa zuerst vor seiner Größe Angst hatte, näherte sie sich doch bald dem wilden Tier. Blumen und Kräuter, die sie gepflückt hatte, streckte sie dem Stier hin. Weil dieser sich über das Geschenk des Mädchens freute, gab er ihren Händen süße Küsse. Das Mädchen fragte den Stier, wer er sei. Der Stier muhte, hielt ihr seine Brust hin und trieb Europa an, sie zu berühren. Das Mädchen wusste nicht, wen es berührte; dennoch legte sie, weil sie Vertrauen zu dem großen Tier hatte, ihre Furcht ab und setzte sich auf den Rücken des Stiers.
Aber sofort führt das Tier sie durch ihre Freundinnen hindurch auf das hohe Meer. Als Europa zur Küste ihrer Heimat zurückblickt, ist sie ohne jede Hoffnung auf Rettung. Mit großem Seufzen schreit sie: »Vater, Mutter, Freundinnen! Wann werde ich euch sehen? Wehe! Dieser Tag bringt mir Verderben!« Aber der Stier, den die Liebe zu dem Mädchen entflammt hat, flieht, läuft und eilt durch die Wogen.
Siehe – eine neuartige Sache kam in das Blickfeld des Mädchens: eine Insel, deren Form einem Finger ähnlich war. Als Europa dachte »Wie sonderbar ist dieses Land, das ich in der Ferne sehe!«, hörte sie plötzlich die Stimme des Stiers: »Es ist Zypern; aber wir werden einen Hafen der Insel Kreta aufsuchen. Dort wirst du mir drei Söhne gebären.«
Europa antwortete: »Du bist kein Stier. Bist d… d… du …?« – »Ich bin JUPITER.«

Text 10:

1. a) Hostis territus est. Der Feind ist erschreckt worden.
   b) Ariadna amata est. Ariadne ist geliebt worden.
   c) Theseus arcessitus est. Theseus wurde herbeigeholt.
   d) Iuvenes et puellae liberati sunt. Die jungen Männer und Mädchen sind befreit worden.
   e) Bestia necata est. Die Bestie ist getötet worden.
   f) Templum aditum est. Der Tempel ist aufgesucht worden.
   g) Dei laudati sunt. Die Götter sind gelobt worden.

2. a) perturbavit – perturbatus (-a, -um) est
   b) ceperas – captus (-a) eras
   c) adiuvero – adiutus (-a) ero
   d) accepimus – accepti (-ae) sumus
   e) moveratis – moti (-ae) eratis
   f) vicerint – victi (-ae, -a) erunt
   g) vidi – visus (-a) sum

3. a) capio: 1. Pers. Sg. Ind. Präs. Akt.; ich fasse – cepisti: 2. Pers. Sg. Ind. Pf. Akt.; du hast gefasst – captum est: 3. Pers. Sg. Ind. Pf. Pass.; es ist gefasst worden – capti erant: 3. Pers. Pl. Ind. Plqupf. Pass.; sie waren gefasst worden
   b) servabatis: 2. Pers. Pl. Ind. Impf. Akt.; ihr rettetet – servaveram: 1. Pers. Sg. Ind. Plqupf. Akt.; ich hatte gerettet – servata sum: 1. Pers. Sg. Ind. Pf. Pass.; ich bin gerettet worden – servati eritis: 2. Pers. Pl. Fut. II Pass.; ihr werdet gerettet worden sein
   c) mittis: 2. Pers. Sg. Ind. Präs. Akt.; du schickst – misistis: 2. Pers. Pl. Ind. Pf. Akt.; ihr habt geschickt – miserant: 3. Pers. Pl. Ind. Plqupf. Akt.; sie hatten geschickt – missus eras: 2. Pers. Sg. Ind. Plqupf. Pass.; du warst geschickt worden – missae erimus: 1. Pers. Pl. Fut. II Pass; wir werden geschickt worden sein
   d) audiunt: 3. Pers. Pl. Ind. Präs. Akt.; sie hören – audiebat: 3. Pers. Sg. Ind. Impf. Akt.; er, sie, es hörte – auditi sumus: 1. Pers. Pl. Ind. Pf. Pass; wir sind gehört worden – auditus ero: 1. Pers. Sg. Fut. II Pass; ich werde gehört worden sein

Übersetzung:
Zufällig sah Ariadne den Zug Knossos betreten. Diese wäre nicht mehr verwirrt gewesen, wenn sie einen Blitzschlag gespürt hätte. Von so großer Liebe zu Theseus wurde sie sofort erfasst. Sie näherte sich ihm und sagte Derartiges: »Gast, der du mir von den Göttern geschickt worden bist! Da ich die Königstochter bin, kenn ich das grausame Ungeheuer genau, das auf dich wartet: Niemals wirst du den frevlerischen Minotaurus besiegen, wenn du nicht von mir unterstützt wirst. Versprich also, dass du mich heiraten willst – dann wirst du siegen!«
Da Theseus von solchen Worten beeindruckt war, stimmte er diesem Plan zu. Schon wollte er das Labyrinth, in das der Minotaurus eingesperrt war, erkunden, als ihm von Ariadne befohlen wurde, den Faden, den er empfangen hatte, am Eingang zu befestigen. Theseus gehorchte wiederum und ging alleine voran.

Mitten im Labyrinth erschien plötzlich die monströse Gestalt des Minotaurus. Wie wild, wie heftig ist der Kampf! Seht das gewaltige Maul, seht die starken Oberarme des Minotaurus! Doch Theseus, der mit dem Schwert kämpft, ist nicht verschreckt und widersteht dem Ansturm des Ungeheuers. Er schwingt sein Schwert auf den Stierkopf; die Gewalt des Hiebes lässt Augen und Zunge des Minotaurus hervortreten. Theseus wurde von so großer Freude erfüllt, dass er laut ausrief: »Beim Herkules! Der Minotaurus liegt am Boden. Schon ist das Ungeheuer getötet, schon sind die Athener gerettet!« Hierauf kehrte der Held, weil der Faden ihm den Weg zeigte, wohlbehalten zu Ariadne zurück.